Max von Pettenkofer

Das Kanal oder Siel-System in München - Gutachten

Max von Pettenkofer

Das Kanal oder Siel-System in München - Gutachten

ISBN/EAN: 9783744671200

Hergestellt in Europa, USA, Kanada, Australien, Japan

Cover: Foto ©ninafisch / pixelio.de

Weitere Bücher finden Sie auf **www.hansebooks.com**

Das
KANAL- ODER SIEL-SYSTEM
in München.

Gutachten,

abgegeben

von der

durch den Stadtmagistrat gewählten Commission

Professor Dr. Feichtinger, Bezirks- und Stadtgerichs-Arzt Dr. Frank, Professor Dr. v. Pettenkofer und Professor Dr. H. Ranke.

Verfasst

von

Dr. Max v. Pettenkofer.

Mit 2 Plänen.

Verlag von Hermann Manz in München.
1869.

Die Kanalisirung von München erfreut sich seit längerer Zeit nicht des besten Rufes, und es wird öfter auf sie hingewiesen, wenn Beispiele genannt werden, wie man's nicht machen soll. Dieses weit verbreitete ungünstige Urtheil unterscheidet nicht, dass man von der Kanalisirung Münchens nie als von etwas einheitlichem sprechen darf, sondern dass dieselbe sehr zweierlei ist, nämlich die aus älterer Zeit bestehenden meist unzweckmässig mit flacher breiter Sohle, ohne System angelegten Kanäle in dem älteren und ältesten Theile der Stadt, dann die in den neueren und neuesten Stadttheilen systematisch angelegten Siele mit Stauschleussen. Der alten Art von Kanälen kann man heutzutage wohl nicht mehr das Wort reden — man kann höchstens anführen, womit man gewöhnlich alten Uebeln das Leben fristet, es sei bisher immer so gewesen, und die Stadt München stehe doch noch. Der Magistrat wäre gewiss auch sehr geneigt, sie besser construiren zu lassen, wenn ihm die Mittel dazu geboten werden. Die öffentliche Meinung in München hat aber in den letzten Jahren bekanntermassen nicht gegen die Kanäle der Altstadt, sondern gegen die in der Ludwigs- und Max-Vorstadt in neuerer Zeit angelegten unterirdischen Kanäle laute Klagen erhoben, die theils mündlich, theils in der Presse Ausdruck gefunden haben. Zuletzt veranlasste ein Bericht des Freiherrn von Moreau über den landwirthschaftlichen Theil der Weltausstellung zu Paris den Magistrat der kgl. Haupt- und Residenzstadt München — am 26. Novbr. 1867 — eine Commission aus unpartheiischen Sachverständigen mit der Untersuchung der Siele zu beauftragen. Die Wahl fiel auf die Herren Dr. Feichtinger, Professor an der Industrieschule, Dr. Frank, Bezirks- und Stadtgerichtsarzt, Dr. H. Ranke, Universitätsprofessor und auf mich, den Berichterstatter. Von Seite des Magistrats wurde Herr Baurath Zenetti, der Erbauer des Sielsystems, der Commission beigegeben, um alle wünschenswerthen Aufschlüsse sofort geben zu können.

Nachdem die Commission ihre während eines Jahres gemachten Beobachtungen und Untersuchungen beendigt hatte, beauftragte sie mich mit der Berichterstattung über das umfängliche Material. Ich suche nun diesem Auftrage in folgendem nachzukommen.

Ich beginne mit Mittheilung der von Herrn Stadtbaurath Zenetti ausgearbeiteten und mit Plänen belegten Beschreibung der Sielanlage:

»Unter der Regierung König Ludwig I. hat sich die Stadt München innerhalb kurzer Zeit sehr bedeutend gegen Westen hin ausgebreitet, wodurch eine grosse Anzahl Strassen entstand, an deren Entwässerung jedoch bei ihrer Anlage nicht gedacht wurde.

Das Regenwasser musste daher in den beiderseitigen Strassengräben versitzen, wozu noch das Ab- und Spülwasser der verschiedenen angränzenden Anwesen kam, so dass bei länger andauerndem Regenwetter im Herbste und Frühjahre in den Niederungen einzelne Strassen überschwemmt wurden, und hier stinkende Pfützen entstanden.

Es wurde mir daher im Jahre 1857 die Aufgabe, einen Entwurf zur Entwässerung dieses Stadttheiles, welcher die Ludwigs- und Max-Vorstadt in sich schliesst, vermittelst unterirdischer Kanäle, anzufertigen, und wurde bei dem damaligen Mangel jeder Wasserversorgung dieser Vorstädte, dann bei der in den Niveauverhältnissen begründeten Unmöglichkeit fliessendes Wasser durch Abzweigung eines Isarkanales nach denselben zu verführen, von vorneherein als Grundsatz festgestellt, dass diese Kanäle Abtrittsflüssigkeiten niemals aufnehmen sollen.

Auf Grund dieser Annahme entstand das in der Beilage Tafel I und II verzeichnete Projekt, von welchem bis Ende 1868 die im Situationsplane nicht punktirt gezeichneten Linien vollständig ausgeführt, die mit punktirten Linien noch auszuführen sind.

Da sich die beiden Vorstädte, in welcher das Kanalnetz hergestellt werden sollte, mit dem Laufe der Isar von Südwest nach Nordost neigt, musste auch für den Zug der Kanäle diese Hauptrichtung eingeschlagen werden und wurde als Mündung derselben ein Isararm, der sogenannte Schwabingerbach am nördlichen Ende, unterhalb der Stadt, bestimmt.

Bei dem für die Stadt München aufgenommenen Nivellementplan ist die oberste Stufe der Frauenkirche als Nullpunkt angenommen, und der Horizont 500 Fuss über diesem Punkte gedacht. Auf diesen Horizont beziehen sich daher die im anliegenden Plane eingeschriebenen Zahlen.

Es ergaben sich hienach folgende ausnützbare Gefälle von den entferntesten Enden einzelner Kanalzweige:

Wasserspiegel des Schwabingerbaches . . = 545,300 Fuss.
Sendlingerthorplatz . = 494,040 Fuss, sohin = 51,260 »
Rennbahnstrasse . . = 494,195 » » = 51,105 »
Salzstrasse . . . = 497,045 » » = 48,255 »
Marsfeldstrasse . . = 492,000 » » = 53,300 »
Dachauerstrasse Ende der
Gabelsbergerstrasse = 505,090 » » = 40,210 »
Maximiliansplatz . . = 502,000 » » = 43,300 »

Die Kanäle zerfallen nach ihren innern, lichten Dimensionen in, 3 Kategorien:
    a) Stammsiel 7 Fuss hoch und 4 Fuss weit,
    b) Hauptsiel 6 » » » 3,5 » »
    c) Nebensiel 5 » » » 2,8 » »

Diese Weite ist beim Widerlager der oberen Wölbung genommen, und verringert sich nach unten, indem sämmtliche Kanäle das ciförmige Profil erhielten.

Anliegender Situationsplan zeigt deutlich die Anordnung der 3 verschiedenen Kanal-Kategorien; die Zusammenleitung zweier Stammsiele in Eines beim Beginne der Veterinärstrasse war nur desshalb zulässig, weil von hier ab das Gefälle desselben, welches durchgängig ohngefähr 1 Fuss auf 800 Fuss beträgt, bedeutend vermehrt, und zwar zu 1 Fuss auf 140 Fuss, angelegt ist.

Die kleinste Höhen-Dimension der Kanäle wurde 5 Fuss angenommen, weil bei diesem Masse, die mit Räumung oder Reparaturen im Innern der Kanäle beschäftigten Arbeiter noch bequem ihrem Dienste nachkommen können.

Die sämmtlichen Kanäle sind aus hart gebrannten Backsteinen in hydraulischem Mörtel gemauert, und die Innenwände mit gleichem Mörtel verputzt. Zur Sohle werden seit dem Jahre 1867 sogenannte Klinker verwendet.

Die Einführung des Tagwassers von der Strassenoberfläche in die Kanäle wird durch gegossene eiserne Rohre von 1 Fuss Durchmesser vermittelt, welche von einem Schlammkasten, aus Backsteinen mit hydraulischem Mörtel gemauert, ausgehen. Um diese Schlammkästen zu Tag reinigen zu können, liegen auf denselben gegossene eiserne Gitter, welche sich um eine schmiedeiserne Achse aufschlagen lassen.

Nachdem, wie schon oben erwähnt, fliessendes Wasser aus einem Isararm in die Kanäle zu führen nicht möglich war, wurde das ganze Kanalnetz mit einem Systeme von Stauschleussen zu periodischer Spülung versehen, und an den verschiedenen Kanal-Enden Spülbehälter angelegt.

Mittlerweile wurde auch durch Erbauung des Pettenkofer-Brunnhauses, dann Legung eines Röhren-Netzes von demselben der fragliche Stadttheil mit Wasser versorgt.

Die Stauschleussen der Kanäle sind bei dem durchschnittlich angenommenen Gefälle derselben von 1 Fuss auf 800 Fussen in solche Entfernung von einander situirt, dass die gestaute Flüssigkeit unterhalb der Stauschleusse immer noch mindestens ¼ Fuss hoch ist. Hart unterhalb der Stauschleusse sind jedoch in kurzen Strecken, etwa 20 Fuss lange, starke Gefälle eingelegt, um bei raschem Oeffnen der Schleusse dem Spülstrom stärkere Wirkung zu geben. Die Spülbehälter an den verschiedenen Kanal-Enden bestehen in einer kurzen ca. 100 — 300 Fuss langen Kanalhaltung mit Stauschleusse, in welche aus den städtischen Wasserleitungen reines Quellwasser eingeführt wird. Die Stauschleussen dieser Wasserbehälter werden täglich Vormittags geschlossen, und Nachmittags geöffnet; wogegen bis jetzt die Stauschleussen im Kanal-Netze selbst nur alle 14 Tage geschlossen und wieder geöffnet werden.

Die Erfahrung hat gezeigt, dass durch diese Manipulation die Kanäle sich vollkommen rein erhalten; lediglich der feine Sand der neu makadamisirten Strassen bedarf stellen- und zeitenweise einer Auflockerung, um ihn vermittelst des Spülstromes weiter zu führen. Dieser Sand und feine Kies, welcher ohngeachtet der Schlammkästen schwimmend in den Kanal kömmt, ist jedoch vollkommen geruchlos.

Die Einmündung der verschiedenen Hauswasser aus den nächstgelegenen Anwesen erfolgt am Kanalwiderlager, zumeist in gegossenen eisernen Röhren, welche je nach Wunsch der betreffenden Hauseigenthümer mit Verschlussklappen versehen werden.

Wie der anliegende Situationsplan zeigt, sind im Ganzen 18 Spülbehälter an den Kanalenden projektirt, so dass ein sogenanntes todtes Ende im ganzen Netze nirgends besteht.

Die bis jetzt ausgeführten Spülbehälter hätten allerdings verringert und theilweise zweckmässiger angelegt werden können, wenn nicht die mit diesem Kanalsystem durchzogenen Strassen an solche Plätze und Strassen angränzen würden, welche bereits mit Kanälen älterer Construction versehen waren, die wegen ihres Nivellements nicht in das Sielsystem eingeführt werden konnten. Auch wurde bei der streckenweisen Ausführung häufig, durch das Verlangen der Adjazenten nach dem Kanalbau, das aufgestellte System verletzt, und einzelne Zweige hiewegen in geänderter Richtung geführt.

Leider wurde das vorliegende Kanal- (Siel-) System theilweise dem Gebrauch übergeben, ehe die oben angedeutete Wasserversorgung durch das Pettenkofer-Brunnwerk vollendet war, welches erst die Speisung der Spülbehälter ermöglichte und durch Abgabe von Wasser an die verschiedenen anliegenden Anwesenbesitzer innerhalb der einzelnen Kanalhaltungen zur Spülung wirken musste. Die in die Siele eingeleiteten Gährkeller und Weich-Wasser der Bräuer erzeugten einen unangenehmen süsslich faulen Geruch, welcher zeitweise den Seitenkanal-Mündungen entstieg, — der erst durch reichlichen Wasserzufluss verdünnt, gehoben werden konnte. Nunmehr ist jedoch dieser Missstand vollständig gehoben, und eine Spülung der Kanäle erzielt, welche vollkommen dem Zwecke entspricht.

Schliesslich muss noch mitgetheilt werden, dass von vorliegendem Projekte nunmehr, das heisst bis zum Jahre 1869, ausgeführt sind:

1) Stammsiel	. . . .	5750 Fuss
2) Hauptsiel	. . . .	11200 »
3) Nebensiel	. . . .	27100 »
	zusammen	44050 Fuss

mit 13 Spülbehältern.

Die Gesammtkosten der bereits ausgeführten Kanalstrecken dürften sich approximativ auf 280000 fl. belaufen.

Noch auszuführen sind dagegen:

1) Stammsiel	. . . .	750 Fuss
2) Hauptsiel	. . . .	18150 »
3) Nebensiel	. . . .	46000 »
	zusammen	64900 Fuss

mit 5 Spülbehältern.

München im September 1868.

Zenetti.«

Die Commission glaubte am vorurtheilsfreisten zu handeln, wenn sie, ehe sie an eigene spezielle Beobachtungen ging, die Bewohner Münchens in mehreren öffentlichen Blättern wiederholt aufforderte, ihre im Laufe des Jahres 1867 gemachten Wahrnehmungen über belästigende Gerüche oder Verderbniss des Brunnenwassers u. s. w., in soweit dieselben mit dem Sielnetze muthmasslich in Zusammenhang stehen, bis zu einem bestimmten Termin schriftlich mitzutheilen. (Siehe im Anhang Protokoll I.)

Vom 12. bis 31. Dezember 1867 liefen 16 derartige Mittheilungen ein. Vier derselben konnten keine Berücksichtigung finden, da die darin erhobenen Klagen ausserhalb des Sielnetzes gelegene Stadttheile betrafen. Eine Einsendung bestand aus einem Exemplar des bayerischen Landboten vom 9. August 1865, welches einen längern Artikel über die Kloakenfrage überhaupt enthielt, das aber vorläufig gleichfalls keiner nähern Würdigung unterstellt werden konnte, da es sich nicht um die Ausarbeitung eines neuen Projektes, sondern nur um die Prüfung des gegenwärtig ausgeführten Sielsystemes handelte. Die übrigen 11 Einläufe betreffend beschloss die Commission einen Rundgang, um die Punkte, welche in den anliegenden Anzeigen (S. Protokoll II) bezeichnet waren, zu besichtigen und die einzelnen Klagsteller zuvor schriftlich zur persönlichen Theilnahme und Besprechung einzuladen.

Das Resultat dieses Rundganges findet sich im Protokoll III vorgetragen und ist im Allgemeinen befriedigend für die Güte des ausgedehnten Sielnetzes zu nennen. Mehrere Klagen bezogen sich auf frühere Zeiten, ehe die Spülung in Thätigkeit kam, andere auf Punkte, welche, obschon nahe dem Sielnetze, doch noch dem alten Kanalsystem angehörten, andere auf das ohnehin polizeilich verbotene zeitweise Einschütten von Abtrittsjauche, andere waren nicht thatsächlich zu erweisen. Die Commission vermochte nur drei Uebelstände unzweifelhaft zu constatiren: 1) die zu hohe Anlage einer Spülschleusse in der äussern Dachauerstrasse, zunächst den Häusern Nr. 44 der Schleissheimerstrasse und Nr. 39 der Dachauerstrasse, wodurch, so lange die Schleusse geschlossen ist, der Ablauf des Wassers aus dem Hause Nr. 39 erschwert wird, und wahrscheinlich der Brunnen von Nr. 44 gelitten hat; 2) die Lage eines Kanalgitters unmittelbar vor der Eingangsthüre zum Haus Nr. 31 in der Arcisstrasse, und 3) ein fehlerhaftes Nivellement der Kanalsohle in der Luitpoldstrasse. Den unter 2 und 3 constatirten Uebelständen hat Baurath Zenetti in der Zwischenzeit mit Erfolg abhelfen lassen (siehe Protokoll V), 1 betreffend ist zu bemerken, dass die dortige Spülschleusse am Anfange des Sieles liegt, und nicht tiefer gelegt werden kann, wenn man nicht das Gefälle verlieren will. An diesem Punkte lässt sich einstweilen nur dadurch theilweise helfen, dass man die Spülschleusse so selten als möglich schliesst. In Zukunft wird dieser Uebelstand ganz wegfallen, wenn das Siel gegen die beträchtlich höher liegende Maximilian II. Kaserne und das in ihrer Nähe befindliche, noch im Bau begriffene Militärkrankenhaus fortgesetzt wird, in welchem Falle der gegenwärtige Spülbehälter überflüssig werden wird, da er wieder an den Anfang des Sieles verlegt werden muss.

Ausserdem machte die Commission bei ihrem Rundgange die Beobachtung, dass hie und da dem polizeilichen Verbot des Einleitens von Flüssigkeiten aus Abtrittsgruben und aus andern Behältern von in Zersetzung übergegangenen organischen Stoffen (z. B. aus Metzgereien) zuwidergehandelt wird.

Die Commission ging nun zur Aufstellung eigener Fragen über. Zunächst war die Wassermenge zu messen, welche zu verschiedenen

Zeiten am Ende des Sielnetzes an der Wiesenstrasse in den Schwabingerbach ausströmt. Diese Messung sollte nicht allein bei geschlossenen, sondern auch bei geöffneten Stauschleussen, bei trockenem Wetter durch einen unparteiischen Sachverständigen vorgenommen werden. Herr Professor Frauenholz hatte die Güte, einen Plan zur Messung der Wassermengen unter verschiedenen Umständen zu entwerfen und in gründlichster Weise auszuführen. Er hat seine Resultate in einer Beilage zu Protokoll V der Commission zur Disposition gestellt.

Aus den Bestimmungen von Frauenholz geht nun mit Sicherheit hervor, dass bei regenlosem Wetter, wo also die Siele keinen andern Zufluss als das Abwasser der Häuser und das in die Spülschleussen geleitete Wasser haben, im Ganzen 5,2 Kubikfuss per Sekunde beträgt. Von dieser Wassermenge liefern die Abwasser der Häuser 2,43 Kubikfuss, die Spülschleussen 2,77 Kubikfuss per Sekunde. Die Gesammtwassermenge der Siele (5,2 Kubikfuss per Sekunde) ist eine verhältnissmässig bedeutende zu nennen.

In einem anderen Maasse ausgedrückt fliessen zur Zeit, wo es nicht regnet, in den betreffenden Kanälen in der

Sekunde . . . . 129 Liter.
Minute . . . . 7756 »
Stunde . . . . 465,360 »
im Tage . . . . 11,168,640 »

In einem dem Münchner noch geläufigern Maasse ausgedrückt laufen durch das Sielnetz in runder Zahl nahezu 3600 Steften Wasser ab (1 Steften = 2 bayer. Maass in der Minute = 2,18 Liter.)

Rechnet man diese Wassermenge auf die Menschenzahl die in den Häusern und Strassen wohnt, welche in das Sielnetz münden (23647 Einwohner[*]), so kommt auf den Kopf im Tage eine Wassermenge von 465 Liter, was eine sehr reichliche Wasserversorgung genannt werden muss. Es gibt in England Städte mit Waterclosets und Schwemmkanälen, denen nicht mehr als 30 Gallonen Wasser per Kopf täglich zugeführt wird, während in den Münchner Sielen auf den Kopf täglich 100 Gallonen kommen (1 Gallone = 4,542 Liter).

Diese Messungen des Hrn. Prof. Frauenholz sind auch insofern von grossem Interesse, als sie zeigen, dass die an den Enden der Sielzweige erst in neuerer Zeit angebrachten Spülbehälter mehr Wasser (2,77) in die Kanäle liefern, als alle Häuser zusammen (2,43), welche mit dem Sielnetze in Verbindung stehen. Daraus erklärt sich nun zur Genüge,

---

*) Siehe im Anhang Beilage zu Protokoll XIII.

warum die Klagen über den Geruch der Siele so auffallend nachgelassen haben, seit diese besondere Spülung vom Magistrate angeordnet worden ist. — Die Commission wurde dadurch auch zu der später noch zu besprechenden Beobachtung veranlasst, welche die Zustände der Siele zeigen würden, wenn ein paar Wochen lang aus verschiedenen möglichen Ursachen die Wasserleitung kein Wasser in die Spübehälter lieferte.

Bei dieser verhältnissmässigen Reichhaltigkeit an Wasser konnte man schon im voraus erwarten, dass die chemische Analyse des Kanalwassers keinen so hohen Grad von Ueberladung mit Stoffen ergeben werde, wie man sich gewöhnlich vorstellt, wenn man von Kloakenwasser spricht. Prof. Feichtinger hat in einer Beilage zum Protokoll V ein hinreichendes Bild aller wesentlichen chemischen Momente gegeben, aus dem ich einige Gesichtspunkte herausheben will.

Das Wasser, wie es am Ende des Sielsystems in den Schwabinger Bach ausfliesst, zeigte sich bei wiederholten Besichtigungen der Commission als eine graulich getrübte Flüssigkeit von schwachem Geruch, bald schwach saurer, bald schwach alkalischer Reaktion. Es wurde auf seinen Gehalt an gelösten und suspendirten Substanzen untersucht Um seine durchschnittliche Zusammensetzung zu erhalten, wurde an einem Tage des März 1868 während 24 Stunden alle Viertelstunden 1 Maass des ausfliessenden Wassers geschöpft, und zwar von Morgens 6 bis Abends 6 Uhr in ein Fass, und von Abends 6 bis Morgens 6 Uhr in ein zweites Fass, um auch den Unterschied in der Zusammensetzung des Kanalwassers bei Tag und Nacht beurtheilen zu können. Sowohl an diesem Tage als mehrere Tage vorher war kein Regen gefallen, man durfte also sicher sein, dass die Concentration des Kanalinhalts nicht geringer als durchschnittlich sich darstellen konnte.

Sowohl das während des Tages, als auch während der Nacht gesammelte Wasser war von herumschwimmenden feinen Flocken getrübt, es zeigten sich auch einige grössere Fetzen und Schmutzmassen, die sich in kurzer Zeit zu Boden setzten. Das Nachtwasser war etwas dunkler gefärbt, es hatte eine bräunlich gelbe Farbe, während die Farbe des Tagwassers gelblich grau war. Beide Wasser rochen anfangs nicht merklich, nahmen aber nach Verlauf von 2 Tagen einen starken fauligen Geruch an. Wer näher das Einzelne der interessanten Untersuchung kennen lernen will, beliebe in den Protokollen das Referat von Feichtinger nachzulesen. Man findet darin auch die quantitative Bestimmung aller einzelnen Stoffe, welche für Benützung des Kanalwassers zu landwirthschaftlichen Zwecken, z. B. zur Berieselung und Düngung von Wiesen von Wichtigkeit sind. Ich will hier nur einige Resultate zur Sprache bringen, die mir von ganz besonderem hygienischen Belange scheinen.

Auf 1 Liter berechnet führt das Kanalwasser
am Tage 0,381 Grammen mineralische Stoffe im gelösten
und 0,049 » » » im suspendirten Zustande,
zusammen 0,430 » » »
ferner 0,160 Grmm. von organischen Stoffen im gelösten
0,084 » » » » » suspendirten Zustande,
zusammen 0,244 Grammen;
während der Nacht
0,342 Grmm. mineralische Stoffe im gelösten
0,031 » » » » suspendirten Zustande,
zusammen 0,373 Grammen,
ferner 0,219 Grmm. organische Stoffe im gelösten
0,077 » » » » suspendirten Zustande,
zusammen 0,296 Grammen.

Der gesammte feste Rückstand beträgt somit
für das Tagwasser 0,674 Grammen per Liter,
für das Nachtwasser 0 669 » » »

Der Unterschied im Gesammtrückstand ist demnach sehr unbedeutend geringer bei Nacht, als bei Tag. Die Rückstandsmenge ist überhaupt nicht gross, manches Brunnenwasser von München hinterlässt nach den Untersuchungen von A. Wagner[*]) mehr. Es unterscheidet sich das Münchner Kanalwasser von manchem Münchner Brunnenwasser wesentlich nur durch seinen verhältnissmässig viel grössern Gehalt an organischen Substanzen.

Würde dieses Kloakenwasser durch eine grössere Kies- oder Sandschichte filtrirt, in der zu gleicher Zeit auch Luft zugegen ist, so könnte es den grössten Theil seiner organischen Stoffe durch Filtration und Verwesung (Oxidation) verlieren, und wäre dann ein reineres Wasser, als die meisten Brunnen Münchens liefern. Nach Abzug der organischen Substanzen hinterliesse 1 Liter dieses Kanalwassers im Mittel nur 400 Milligramm Rückstand, während unser geschätztes Brunnthaler Wasser bereits 460 gibt. Das Wasser der Thalkirchner Leitung, welches wesentlich die Häuser versorgt, die zum Sielsysteme gehören, und mit welchem die Siele gespült werden, nimmt auf diesem unreinen Wege noch nicht so viel an mineralischen Stoffen zu, als das Grundwasser am rechten Isarufer, bis es unter den Versitzgruben der höher gelegenen Theile von Giesing, Au und Haidhausen weggehend in den Quellen von Brunnthal zu Tage tritt. Das in die Hoffischerei in Giesing einlaufende Wasser gibt per Liter noch 270 Milligramm Rückstand, das im Brunnthal von

---

*) Zeitschrift für Biologie. Bd. II u. III.

Haidhausen auslaufende schon 460, während das Wasser der Thalkirchner Leitung mit 260 Milligramm Rückstand in die Münchner Kloaken ein- und mit 670 wieder ausläuft, von denen ein grosser Theil durch Filtration noch zu entfernen wäre.

Noch eine andere Thatsache wird durch die Untersuchungen Feichtinger's constatirt, welche geeignet ist, unsere Aufmerksamkeit in Anspruch zu nehmen. So wenig verschieden der Gesammtrückstand von Tag- und Nacht-Kloakenwasser ist, so merklich ist der Unterschied im Gehalt an organischen Stoffen, die während der Nacht wesentlich zunehmen und zwar nicht die suspendirten, deren Menge am Tage sogar etwas grösser als bei Nacht ist, sondern die in Wasser gelösten, welche bei Tag im Liter 160, bei Nacht 219 Milligramm ausmachen, was also einer Vermehrung um 37 Procent gleichkommt. Es ist unschwer, die Quelle dieser Zunahme zu errathen. Die Nacht ist die Zeit der Räumung der Abtrittgruben. Obschon es polizeilich geboten ist, die Abtrittjauche auf die Wiesen vor der Stadt, oder in die Isarbäche zu fahren, und obschon es polizeilich verboten ist, diese Jauche in die Siele zu entleeren, so wird doch fast regelmässig diesem Verbote zuwider gehandelt; denn wer controlirt, wie viel bei jeder Räumung in den Hauskanal oder die Hausröhre entleert wird, die mit dem Siele zur Abführung der gewöhnlichen Hauswässer in Verbindung steht, und wie viel in Tonnen geschöpft und abgefahren wird.

Dass die Vermehrung der im Wasser gelösten organischen Substanz vom Inhalt der Gruben herrührt, dafür spricht auch ganz unzweideutig die beträchtliche Vermehrung des Chlor- und Kali-Gehaltes während der Nacht, der nach der Analyse von Feichtinger von 15 Milligramm am Tag auf 35 in der Nacht steigt. v. Scherer hat kürzlich für die Brunnen in Würzburg nachgewiesen,*) dass deren Zu- und Abnahme an organischer Substanz mit dem Chlorgehalt proportional geht. Woher diese Vermehrung von Chlor stammt, kann keinem Zweifel unterliegen, sie kommt vom Kochsalz, welches wir unsern Speisen zusetzen und mit den Excrementen wieder in die Abtrittsgruben ausscheiden.

Ferner zeigt das Tagwasser verhältnissmässig weniger Kali und mehr Natronsalze als das Nachtwasser. Man darf hierin vielleicht das Natron der Seife, das am Tage aus den Waschküchen, und das Kali des Harns, das bei Nacht aus den Abtrittgruben in grösserer Menge in die Siele gelangt, erkennen.

Noch eine Thatsache geht aus den Bestimmungen von Feichtinger hervor, welche mir für die hygienische Frage der Kanalisirung von einer

---

*) Ueber einige Verhältnisse der Würzburger Brunnenwässer. Verhandl. der Physical. Medicin. Gesellschaft in Würzburg. Neue Folge. I. Band S. 87.

fundamentalen Bedeutung scheint, und die mich mehr als alles übrige
überrascht hat. Man hat bisher mit aller Zuversicht angenommen und
allgemein geglaubt, es könne naturgemäss auch gar nicht anders sein,
als dass in den Kanälen einer Stadt, in welchen alle Excremente fortgeschwemmt werden, das Wasser sich viel mehr mit löslichen organischen
Stoffen schwängern müsse, als in Kanälen, in welche die Excremente
nicht eingeleitet werden dürfen. Ich war nun sehr gespannt darauf, das
Wasser unserer Münchner Kanäle, in welche doch nur ausnahmsweise
und gegen polizeiliches Verbot Excremente gelangen, in diese Beziehung
mit dem Kanalwasser englischer Städte zu vergleichen, in denen Alles
fortgeschwemmt wird. In dem ausgezeichneten Werke von Dr. Gg. Varrentrapp, über Entwässerung der Städte, findet sich Seite 74 eine
Bestimmung von Lawes und Gilbert über das Kloakenwasser der
Stadt Rugby, in welcher das Schwemmsystem durchgeführt ist, und wo
auf den einzelnen Einwohner keine grössere Wasserzufuhr trifft, als auch
das Münchner Sielsystem verhältnissmässig aus den Häusern und den
Spülbehältern empfängt. Ich habe die dort befindlichen Angaben in englischem Maass und Gewicht auf Liter und Grammen berechnet, um sie
mit dem Mittel der Bestimmungen von Feichtinger für Tag- und
Nachtwasser in München vergleichen zu können (1 Gallon = 4,542 Liter,
1 engl. Pfund = 7000 Grains = 453,544 Grammen).

Auf 1 Liter Kanalwasser kommen

	in München	in Rugby
gelöste unorganische Stoffe	0,361 Grmm.	0,643 Grmm.
suspendirte » »	0,040 »	1,351 »
	0,401 Grmm.	1,994 Grmm.
gelöste organische Stoffe	0,189 »	0,151 »
suspendirte » »	0,080 »	0,670 »
	0,269 Grmm.	0,821 Grmm.

Dieser Vergleich ist schlagend. Der wesentlichste Grund, der viele
Menschen und auch mich bisher bestimmte, dem Fortschwemmen der
Excremente in Kanälen keinen hygienischen Vorzug vor der Abfuhr in
Tonnen einzuräumen, war die Besorgniss und die bisher nicht widerlegbare Annahme, dass mit der erstern, in England eingebürgerten Methode für viele Orte mit so porösem Untergrund, wie ihn München hat,
der grosse Nachtheil verbunden sein würde, dass der Boden verhältnissmässig viel stärker mit organischen und sonst in Wasser löslichen
Stoffen imprägnirt werden müsste, wenn wir den Kanälen neben den
gewöhnlichen Haus- und Gewerbswassern auch noch die Excremente einer
ganzen Bevölkerung übergeben, als wenn wir diese ausschliessen. Im
letztern Falle, bei Ausschluss der Excremente, dachte man, müsste die

Imprägnirung von Wasser und Boden doch um ein sehr Beträchtliches geringer sein. Diese Annahme gewann um so mehr an Gewicht, als man sich im Laufe der Zeit immer mehr überzeugte, dass es eine Sache der Unmöglichkeit sei, gemauerte Kanäle wasserdicht herzustellen, wenn man auch die besten Ziegelsteine und Portlandcement verwendet, und die Ausführung der Arbeit auch auf das Sorgfältigste überwacht. Bedenkt man die verhältnissmässig enorme Flächenausdehnung der mit Wasser bedeckten Sohle eines undichten Kanalnetzes gegenüber den bisher in München üblichen Gruben der einzelnen Häuser, so musste es gerade für Orte mit einem Boden wie München als selbstverständlich geboten erscheinen, das Kanalwasser mit so wenig organischen Stoffen als möglich zu beladen, damit der filtrirende und versickernde Theil den Boden so wenig als möglich mit Stoffen zu tränken vermöge, welche wir als gefährliche Materialien für Fäulniss und Verwesung kennen. Aus demselben Grunde habe ich mich seinerzeit auch in einem Gutachten über die Kanalisirung von Basel dahin ausgesprochen, es sei nicht das Fortschwemmen der Excremente in Kanälen, sondern die Abfuhr in Tonnen principiell anzustreben.

Vergleichen wir nun, was in München Rugby gegenüber damit gewonnen worden ist, dass die Einleitung der Excremente am ersten Orte in das Sielsystem principiell ausgeschlossen, am zweiten Orte aber principiell durchgeführt ist. Ein wesentlicher Unterschied ist nur in der Menge der suspendirten, nicht aber in der Menge der in Wasser gelösten Stoffe zu beobachten. Dass in Rugby die Menge der in Wasser gelösten unorganischen oder mineralischen Stoffe beträchtlich grösser ist, als in München, ist nicht entscheidend, weil die Menge an sich den Gehalt vieler Brunnenwasser nicht überschreitet und man nicht weiss, mit wie viel Gehalt das Wasser in die Kanäle schon eintritt. Das dortige Kanalwasser zeigt 643 Milligramm per Liter, eine Menge, welche viele Brunnen in München, sogar der berühmte Brunnen im Stadtgericht zeigen. Das Wasser der Thalkirchner Leitung gelangt in München mit 260 Milligramm in die Siele ein und strömt mit 361, wie wir sehen, aus. Würde man die Kanäle anstatt mit Wasser aus dem Pettenkofer-Brunnhause mit Wasser vom Muffat-Brunnhause spülen, so würde es mit 460 ein-, und mit 560 ausströmen. Würde man das Wasser von einigen anderen Münchner Brunnhäusern einleiten, so würde es sicher mit viel mehr in Wasser gelösten mineralischen Stoffen ausströmen, als das Kanalwasser von Rugby zeigt. Wichtiger und entscheidender muss die Menge der gelösten nicht mineralischen, der organischen Stoffe sein, und da zeigt sich, dass das Münchner Kanalwasser nicht nur keinen Vorzug vor dem in Rugby hat, sondern sogar beladener damit ist. Das Wasser in Rugby enthält davon durchschnittlich 151, das in München 189 Milligramm in Liter. Da das Wasser, welches in München zur Spülung der Kanäle verwendet wird, fast frei von organischen Substanzen ist, so ist der ganze Gehalt am Ausfluss von in der Stadt gelöstem Unrath abzuleiten. Woher es kommt, dass diese Grösse in München mehr als in Rugby beträgt, ist unschwer zu errathen, namentlich wenn man beachtet, um wie viel die fragliche Menge bei Nacht (219) grösser als bei Tag (160) ist; es kommt ohne Zweifel von der Verjauchung der Excremente in den Gruben her, wodurch ein grosser Theil ihrer organischen Substanz in Wasser löslich wird, der es noch nicht ist, so lange die Excremente frisch sind. Wenn wir von der mineralischen Substanz ganz absehen, und nur den organischen Theil betrachten, so ergibt sich, dass das Kanalwasser in Rugby davon in gelöstem Zustande (219 : 160) um 27 Procent weniger als in München enthält, hingegen im suspendirten Zustande (80 : 670) um 837 Procent mehr.

Die suspendirte Menge kann für eine Stadt kein hygienisches Bedenken erregen, vorausgesetzt, dass die Kanäle mit gehörigem Gefäll und Wasser versehen sind, denn das wird ja vom Wasser ausserhalb ihres Bezirkes geschafft und kann nicht mit dem Wasser durch die feinen Poren der Siele filtriren, welche jedenfalls den Schlamm zurückhalten, wenn sie auch nicht wasserdicht sind. Angesichts dieser Thatsachen muss man zugestehen, dass die Kanäle von Rugby, in denen Alles fortgeschwemmt wird, den Untergrund der Stadt jedenfalls nicht mehr verunreinigen, als die Kanäle von München, in welche Excremente zu bringen polizeilich verboten ist.

Der Vergleich zwischen Rugby und München könnte weiter Veranlassung geben, Betrachtungen über die Transportkosten jener Massen anzustellen, welche suspendirt im Wasser fortgeschafft werden, und die Ergebnisse auf jenen Theil von München anzuwenden, welcher zum Sielsystem gehört. Wir wissen aus den Messungen von Professor Frauenholz, dass durch unsere Siele in 24 Stunden in runder Zahl 11 Millionen Liter Flüssigkeit gehen, und aus den Analysen von Prof. Feichtinger, dass dadurch täglich 440 Kilo suspendirte mineralische, und 880 Kilo suspendirte organische Stoffe, zusammen 1320 Kilo oder 2640 Zollpfunde aus der Stadt geschafft werden. Nehmen wir nun an, diese 11 Millionen Liter Flüssigkeit hätten die Zusammensetzung des Kanalwassers von Rugby, so würden durch dieselbe Wassermenge an mineralischen suspendirten Stoffen täglich 14861 Kilo und an suspendirten organischen Stoffen täglich 7370, zusammen 22231 Kilo, oder 44462 Zollpfunde befördert werden. Rechnet man eine Wagenladung zu 2000 bis 2600 Pfund, so schafft dieselbe Wassermasse in den Kanälen von München in 24 Stunden nur 1 Wagenladung suspendirter Stoffe fort, in Rugby 10 Wagenladungen voll solchen Unraths. Wie das Kanalwasser in Rugby lehrt, könnten wir mit den 3600 Steften Wasser, die in den Sielen Münchens fliessen, also dasselbe leisten, was wir mit 10 zweispännigen Fuhren vermögen. 1 Steften Wasser zahlt in München im Augenblick noch 12 Gulden jährlich Wasserzins. Es würde also die tägliche Ausgabe für das Wasser, wenn wir es auch sonst zu nichts nöthig hätten, auf 118 Gulden zu veranschlagen sein, um 10 Wagenladungen fester Stoffe fortzuspülen, woraus man irriger Weise den Schluss ziehen könnte, dass das Fortschwemmen die theuerste Abfuhr wäre. Der Irrthum kann aber nicht begangen werden, wenn man bedenkt, dass man die suspendirten Theile in den Häusern nicht im filtrirten und getrockneten Zustande vorfindet, wie sie die Analyse angibt, sondern dass sie da schon mit sehr viel Wasser gemischt entstehen, von dem sie ohne unübersteigliche Hindernisse und Kosten nicht befreit werden können. Die Excremente (Harn und Koth gemengt) der Menschen bestehen selbst im unverdünnten Zustande bis zu $^9/_{10}$ ihres Gewichts aus Wasser, und wenn man auch für alle übrigen fortschwemmbaren, in Wasser unlöslichen Hausabfälle nur dieses Verhältniss annimmt, was natürlich weit unter der Wirklichkeit bleibt, so hätte man mehr als 100 zweispännige Fuhren nöthig, die man um den Preis von 118 fl. unmöglich leisten könnte. Und so erweist sich das Fortschwemmen doch auch immer noch als eine sehr billige Abfuhr, die man unter keinerlei Umständen ganz entbehren kann, wie es die Nothwendigkeit, auch in München Siele anzulegen, thatsächlich schon bewiesen hat.

Die Beobachtungen über die Zusammensetzung des Kanalwassers in München wurden allerdings nur einmal und an regenlosen Tagen angestellt, und es ist nicht in Abrede zu stellen, dass die Zusammensetzung nicht jeden Tag gleich und dass namentlich während heftiger Regen eine grössere Verdünnung der organischen in Wasser löslichen Stoffe eintreten wird; der Regen aber ist ein nur sehr vorübergehender Einfluss, so dass ich kein Bedenken trage, das Ergebniss der Untersuchungen von Feichtinger, die einfacher Natur und mit aller Sorgfalt ausgeführt sind, im Allgemeinen dennoch als massgebend zu betrachten.

Ich werde am Schluss noch die Frage, ob direkte Abfuhr oder Fortschwemmung der Excremente besprechen, aber doch will ich hier schon darauf aufmerksam machen, dass ich mit meiner vergleichenden Darstellung der Beschaffenheit des Kanalwassers in München und Rugby nicht sagen will, als hätte München nichts eiliger zu thun, als zum englischen Schwemmsystem überzugehen. Ich wollte damit nur sagen, dass mir einer der Einwürfe gegen das Einlassen der frischen Excremente in die Siele, nämlich der grössere Gehalt an gelösten organischen Stoffen, und dadurch eine grössere Imprägnirung des Bodens, durch die Thatsachen nicht mehr so gerechtfertigt erscheint, wie früher.

Nach der Bestimmung der Menge und der Zusammensetzung des Kanalwassers richtete sich das Augenmerk der Commission zunächst auf die Dichtigkeit der Sielwandungen. Es wurden hiefür vorerst 3 Stellen ausgewählt, 1) in der Karlsstrasse (nahe ihrer Kreuzung mit der Arcisstrasse), 2) in der Dachauerstrasse (nahe dem Anfang des Sieles), 3) in der Schellingstrasse (nahe der Kreuzung mit der Amalienstrasse). An der ersten und dritten Stelle war das Siel aus Ziegelsteinen mit Cement, an der zweiten Stelle aus Cement und Sand (Cementguss) hergestellt. Es wurde ein Schacht bis etwas unter die Sohle des Sieles geführt, dass ein Mann bequem darin stehen, und die Wandung des Sieles genau besichtiget werden konnte.

Als die erste Stelle besichtiget wurde, war die Stauschleusse geschlossen, also das Wasser im Kanale möglichst hoch. Es zeigte sich die Kanalwand feucht und an mehreren Punkten sickerte Wasser in kleinen Strahlen durch. An einem solchen Punkte wurde eine Flasche binnen 14 Minuten mit 750 Cub.-Centimeter Wasser gefüllt und Prof. Feichtinger zur Untersuchung übergeben. Nach dem Oeffnen der etwa 100 Schritte entfernten Stauschleusse liess das Durchtropfen etwas nach, versiegte jedoch nicht gänzlich.

An der zweiten Stelle, in der Dachauerstrasse, wo das Siel aus Cementguss hergestellt ist, war auch bei geschlossener Stauschleusse kein Durchtropfen bemerkbar, doch fand sich ein Aushub des Kieses unter der Sohle stark feucht und schwach riechend.

An dem Stammsiele mit 2 Fuss starken Wänden in der Schellingstrasse zeigte sich kein Durchtropfen, aber ein starkes Durchschwitzen und die Erde (Kies) unter der Sohle war feucht, wie in der Dachauerstrasse.

Herr Baurath Zenetti machte die Mittheilung, dass sowohl die betreffende Sielstrecke in der Karlsstrasse, als auch die in der Schellingstrasse schon vor längerer Zeit in Akkordarbeit hergestellt worden sei, und die Commission beschloss, weiter noch in einer Kanalstrecke aufgraben zu lassen, welche vom Magistrat in eigener Regie hergestellt worden war. Es wurde dazu das erst in neuerer Zeit in der Mittererstrasse erbaute Siel gewählt. Jedoch auch hier zeigte sich ein starkes Durchsickern des Wassers.

Dieses Resultat kann Niemanden überraschen, der gemauerte Kanäle schon öfter auf ihre Dichtigkeit genauer geprüft hat. Eine volle Wasserdichtigkeit ist nie zu erzielen, diese besteht bloss in den Köpfen derjenigen, welche die Anwendung von hydraulischem Mörtel und wasserdicht für selbstverständlich annehmen. Ich habe die Kanäle in Frankfurt a/M., die in der neuesten Zeit von William Lindley, dem verdienstvollen Erbauer der mustergiltigen Hamburger Siele, ausgeführt worden sind, begangen, und auch da gefunden, dass sie Wasser durchlassen, obschon sie mit so schönen und gut gebrannten Backsteinen gemacht sind, dass diese in München als unerreichte Meisterziegel gelten müssten, und obschon nur der beste Cement zum Mörtel verwendet wird. Die dortigen Kanäle liegen so tief, dass ihre Sohle unter dem Grundwasser im umgebenden Erdreich steht, und ich sah, da diese Kanalstrecke noch keine Zuflüsse von den Häusern her hatte, ein raschströmendes kleines Bächelchen des reinsten Wassers sich darin bewegen, welches durch die vortrefflich und mit seltener Sorgfalt gefugten Wandungen eindrang.

In gleicher Weise hat sich in Hamburg und Altona die Durchlässigkeit der best erbauten Siele ergeben, indem man fand, dass überall, wo das Grundwasser höher als die Sohle der Kanäle stand, es sich beträchtlich gesenkt habe, dass die Siele wie Drainröhren auf den umliegenden Boden wirken. Die unbedingten Anhänger des Schwemmsystems sprechen desshalb jetzt anstatt wie früher von der Undurchdringlichkeit der mit Cement gemauerten Kanäle, »von der nützlichen Porosität gut gebauter Siele.« Einige dieser Herren scheinen die Siele jetzt sogar für eine Art Mausfalle für das Wasser zu halten, wo es wohl vom Boden hinein aber nicht auch hinaus könnte. Varrentrapp theilt (S. 133) aus einem „Bericht der technischen Commission des Altonaer Industrievereins über die Siele« mit, dass sowohl diese nützliche Porosität, als auch das Entgegengesetzte constatirt worden sei, nämlich »dass das Siel während 10jährigen Bestandes seinen Inhalt nicht durchsickern lässt.« In München sind wir zu andern Resultaten gelangt.

In einer Beilage zum Protokoll VI und einer weitern zu Protokoll VII werden von Feichtinger umfassende Beobachtungen mitgetheilt, welche die Altonaer Resultate von der Nicht-Imprägnirung des Bodens durch die Siele nicht zu bestätigen vermögen. Zunächst untersuchte Feichtinger das unter den Sielen in der Dachauer-, Schelling- und Mittererstrasse liegende, bei deren Aufgrabung zugänglich gewordene Erdreich. Die Untersuchung beschränkte sich auf die Bestimmung der in 1 Kubikfuss enthaltenen organischen Substanzen. Der vom gröberen Geröll abgeschlemmte feine Schlamm gab sehr wenig organische Substanz an kaltes und kochendes Wasser ab, roch nicht, und doch entwickelte sich in der Wärme beim Trocknen desselben ein »eckliger Geruch, wie nach faulendem, stinkendem Leime.« Wurde dieser wie Thon aussehende trockene Schlamm in einer Porzellanschale höher erhitzt, um die organischen Stoffe darin zu zerstören, so schwärzte er sich und entwickelte stark ammoniakalische brenzliche Dämpfe, ein Zeichen, dass die organische Substanz wesentlich aus stickstoffhaltigen Körpern bestand.

Feichtinger fand in einem bayer. Kubikfuss des ausgehobenen Kieses an organischer Substanz in der

Dachauerstrasse,	Schellingstrasse,	Mittererstrasse,
123,21 Grmm.	95,80 Grmm.	247,06 Grmm.

mithin bei dem Siele mit der grössten Durchlässigkeit (siehe oben) auch die grösste Menge organischer Substanz.

Feichtinger hat auch die Bestimmung ausgeführt, auf welche sich die Altonaer Commission beschränkt hatte, nämlich wie viel dieser Kies organische Substanz an Wasser abgibt, und gefunden, dass sich von dieser organischen Substanz nur äusserst wenig in Wasser löst, und zwar von einem Kubikfuss Kies aus der

Dachauerstrasse,	Schellingstrasse,	Mittererstrasse,
3,22 Grmm.	1,15 Grmm.	2,27 Grmm.

Hätte man nach dem letzten Resultat die Imprägnirung des Bodens beurtheilen wollen, wie es in Altona geschehen ist, so wäre man zu dem falschen Schlusse gelangt, dass der Boden überall nur sehr wenig organische Substanz enthalte, und ferner, dass in der Mittererstrasse, wo die undichteste Stelle war, um 30 Procent weniger gewesen wäre, als in der Dachauerstrasse, während in Wahrheit in der Mittererstrasse um volle 100 Procent mehr da war, als in der Dachauerstrasse. Das zeigt, wie unberechtigt der Schluss ist, den die Altonaer Commission aus der Thatsache gezogen hat, dass 5 Grmm. Sand unter dem Siel an ein Pfund Wasser weniger organische Substanz abgegeben haben, als 5 Grmm. des Sandes, welcher der Schichte über der Wölbung des Sieles entnommen worden war.

Diese Resultate von dem hohen Gehalte an organischen stickstoffreichen Substanzen in so beträchtlichen Tiefen des Münchner Bodens mussten der Commission so wichtig erscheinen, dass sie ihr Mitglied Feichtinger ersuchte, noch einige Kiessorten aus andern Plätzen auf dieselbe Weise zu prüfen, und zwar aus 3 Kiesgruben ausserhalb der Stadt, und aus einer nicht kanalisirten Strasse der Stadt.

Das Stadtbauamt lieferte zu dieser Untersuchung Kies
1) aus einer Kiesgrube bei Ramersdorf,
2) » » » an der Schleissheimerstrasse,
3) » » » in der Nähe der Schiessstätte,
4) aus der Adalbertstrasse.

Es lieferte ein Kubikfuss Kies aus der Kiesgrube

I.	II.	III.	IV.
bei Ramersdorf	in d. Schleissheimerstr.	bei d. Schiessstätte	Adalbertstr.
28,126 Grmm.	7,799 Grmm.	4,091 Grmm.	14,124 Grmm.

organische Substanz, und davon war im Wasser löslich bei

I	II	III	IV
0,176 Grmm.	0,199 Grmm.	0,107 Grmm.	0,344 Grmm.

In keinem dieser 4 Fälle wurde auch nur entfernt jene Menge von organischer Substanz erreicht, welche die 3 Kiessorten ergeben haben, welche unter den Sielen in der Dachauer-, Schelling- und Mittererstrasse herausgenommen worden waren.

Die Bestimmung der organischen Substanz in dem Kies von Ramersdorf ist viel zu hoch ausgefallen, insoferne die organische Substanz aus dem Glühverlust berechnet wurde. Es liegt nämlich über dem Kies bei Ramersdorf eine Thonschichte, wodurch der vom Kies getrennte Schlamm gleichfalls viel Thon enthält, welcher beim Glühen an der Luft zur Verbrennung der organischen Stoffe auch sein Hydratwasser abgibt, welches dann als organische Substanz mit in Rechnung kommt. Es spricht sich das auch ganz unzweideutig in der Menge Schlamm aus, welche ein Kubikfuss Kies von Ramersdorf lieferte (fast 7 mal mehr als aus den beiden andern Kiesgruben, siehe Feichtinger's Beilage zum Protokoll VII). Aus diesem Grunde suchte man noch einen andern Anhaltspunkt zu gewinnen, bestimmte den Stickstoffgehalt im Schlamm der verschiedenen Kiese, und berechnete die gefundene Menge auf einen Kubikfuss. Hienach enthält 1 Kubikfuss

in der Dachauerstrasse . . . 6,92 Grmm.
» » Schellingstrasse . . . 5,01 »
» » Mittererstrasse . . . 13,35 »
» » Adalbertstrasse . . . 0,633 »
» » Kiesgrube bei Ramersdorf . 1,787 »
» » » in der Schleissheimerstr. 0,897 »
» » » bei der Schiessstätte 0,257 »

Ordnet man die Kiese nach der Menge der organischen Substanz in 1 Kubikfuss, so folgen sie sich in der Reihe:
1) Mittererstrasse,
2) Dachauerstrasse,
3) Schellingstrasse,
4) Kiesgrube Ramersdorf,
5) Adalbertstrasse,
6) Kiesgrube Schleissheim,
7) Kiesgrube Schiessstätte,

ordnet man sie nach dem Stickstoffgehalte, so wechseln nur 5 und 6 ihren Platz, — sie verhalten sich mithin nahezu gleich.

Diese Verhältnisse gelten selbstverständlich nur für den Münchner Boden, anderer Boden mag sich solchen Infiltrationen gegenüber wieder ganz anders verhalten. Um mich davon durch ein Beispiel zu überzeugen, schrieb ich an Herrn Prof. Dr. Fr. Pfaff in Erlangen. Er hatte die Güte mir einen Boden aus einer der Strassen der Altstadt 5 Fuss unter der Oberfläche auszuheben, und zwar nahe bei einer Stelle, wo eine Hausgosse in eine Strassengosse mündet. — Erlangen hat bekanntlich wesentlich Quarzsand als Untergrund mit sehr wenig gelblichem Thon. Es fand sich fast keine organische Substanz darin. Beim Erhitzen des abschlemmbaren Theils, der sehr wenig beträgt, entwickelten sich wohl Spuren von Ammoniak, aber keine empyreumatischen Dämpfe. Man möchte glauben, als wäre der Erlanger Boden aus Quarzsand organischem Leben weniger günstig, als der Münchner Boden aus Kalkgeröll, als herrsche in dem Erlanger Boden die oxydirende Wirkung der Luft im Boden wesentlich vor über jene organischen Processe, welche im Münchner Boden die organische stickstoffhaltige Substanz sich vermehren lassen. Wir befinden uns hier auf einem Felde der Forschung, welches zwar noch ganz brach liegt, welches aber gewiss — namentlich für die Hygiene — reiche Früchte tragen wird, wenn es einmal eine Zeit lang mit Eifer und Verstand von den dazu geeigneten Kräften bebaut würde.

Hier kann man die Frage aufwerfen, ob denn die Anwendung von hydraulischem Mörtel einen Nutzen gewährt, wenn die Kanäle dadurch doch nicht wasserdicht werden? Der Nutzen des hydraulischen Mörtels muss darin gesucht werden, dass die Siele ohne denselben noch viel undichter sein würden. Es muss immerhin als eine wichtige Aufgabe festgehalten werden, die Siele so dicht als möglich zu machen. Es ist desshalb als ein Fortschritt anzuerkennen, dass in München in neuerer Zeit zur Herstellung der Kanalsohle vom städtischen Bauamte ganz hart gebrannte Backsteine, sogenannte Klinker, verwendet worden sind, dass in Frankfurt a. M. die Kanalsohle aus Steinmetzarbeit, aus gemeisseltem dichten Kalkstein hergestellt wird.

Es wäre die Frage der Beantwortung werth, ob die Brunnen im Bereiche des Sielsystems an festen Bestandtheilen, namentlich an organischen, ab- oder zugenommen haben, seit die Siele benützt werden. Man möchte das erstere denken, aber ich habe mich umsonst bemüht, aus den fortlaufenden Bestimmungen über die Schwankungen des Gehaltes verschiedener Brunnen, die in meinem Laboratorium von H. H. Feichtinger, Wagner und meinem gegenwärtigen Assistenten Aubry gemacht werden, die Thatsache zu constatiren: dass das Münchner Brunnenwasser durch die Sielanlage reiner geworden sei, lässt sich vorläufig nicht behaupten.

Je höher oder oberflächlicher ein Kanal angelegt wird, um so grösser ist bei gewisser Bodenbeschaffenheit die imprägnirbare Schichte unter der stets etwas durchlassenden Kanalsohle. Schon aus diesem Grunde empfiehlt sich eine grössere Tieflage. Varrentrapp gibt dafür einen ganz praktischen und jedermann verständlichen Anhaltspunkt, indem er sagt, es soll die Möglichkeit gegeben sein, aus jedem Keller die Abwasser noch in die Siele abführen zu können. In wie weit diess in

München möglich ist, darüber hat die Commission keine besonderen Erhebungen gemacht, sie glaubt aber für künftige Anlagen auch diesen Gesichtspunkt der Beachtung empfehlen zu müssen. Um allen Erwartungen des Magistrats und der Einwohner von München völlig Genüge zu leisten, hielt es die Commission für ihre Pflicht, nicht nur die Wassermenge in den Kanälen, die Beschaffenheit des Kanalwassers bei seinem Ausflusse und die Beschaffenheit des die Siele umgebenden Erdreichs zu untersuchen, sondern auch noch die Siele selbst in ihrem Innern genau kennen zu lernen, und sie desshalb zu verschiedenen Zeiten zu begehen, und zwar einmal unter gewöhnlichen Verhältnissen, bei voller Spülung, ein zweites Mal unter aussergewöhnlichen Umständen, bei mangelhafter Spülung. Der zweite Fall tritt in München regelmässig alle Jahre ein und dauert ein paar Wochen, nämlich während der Bachabkehr, wo die meisten magistratischen Brunnenwerke wegen mangelnder Wasserkraft in den Stadtbächen still stehen, und das Pettenkofer-Brunnhaus für alle magistratischen Wasserleitungen aushelfen muss, desshalb kein Wasser für die Spülbehälter der Siele abgeben kann. Vorübergehender tritt dieser Fall im Jahre wohl öfter ein, wenn z. B. im Pettenkofer-Brunnhaus hie und da Reparaturen an seiner Maschinerie vorkommen, oder der Dreimühlen-Bach, der sie treibt, auf kurze Zeit abgekehrt wird, was aber in der Regel nur mehrere Stunden in Anspruch nimmt.

Die Commission beschloss, die erste Begehung im Hochsommer vorzunehmen. Sie wählte nicht den Winter, und auch nicht den Frühling dazu, um dem Vorwurfe zu entgehen, als hätte man die für jedes Kanalnetz bedenklichste Zeit, eine hohe Temperatur der Luft, welche alle Fäulniss- und Verwesungsprocesse am meisten begünstiget, umgehen wollen.

Die Mitglieder versammelten sich am 27. Juni 1868 Morgens 6 Uhr im Schulhaus an der Luisenstrasse. Erst hier sollte bestimmt werden, welche Kanalstrecken man begehen wolle, um alle Vorbereitungen, die etwa für eine besondere Instandsetzung gewisser Strecken hätten gemacht werden können, unmöglich zu machen.

Der Tag war sehr schön, der Himmel vollkommen rein und auch Tags vorher kein Regen gefallen.

Die Commission stieg zuerst in den Kanal bei der Kreuzung der Luisen- und Karlsstrasse ein und bei der Kreuzung der Karls- und Arcisstrasse wieder aus. Sie legte den Weg in 13 Minuten zurück.

Darnach stieg sie bei der Stauschleusse in der Theresienstrasse ein und bei dem Einsteigschacht zunächst der Ludwigskirche wieder aus. Diese Strecke durchging die Commission binnen 24 Minuten. Die Commission hat den Befund im Protokoll VIII in sieben Punkten niedergelegt:

1) Die im Kanale laufende Wassermenge ist sehr beträchtlich und in starker Strömung.
2) Der Geruch im Kanale ist auffallend gering und nur an einzelnen Privateinmündungen etwas stärker bemerklich.
3) Einzelne Privat-Einmündungsrohre waren gut und zweckmässig mit Klappen geschlossen.
4) Wandungen, Sohle und Wölbung sind gut in Mauerwerk construirt und erhalten, doch nässt es hie und da etwas vom Gewölbe herab, an einzelnen Stellen zeigen sich kleine Stalaktiten an demselben, und hie und da sieht man die Spuren von Stroh am Gewölbe, was annehmen lässt, dass das Siel zeitweise bis oben gefüllt ist, was wohl nur bei starken Regengüssen eintritt, so lange die Stauschleussen geschlossen sind.
5) Auf der Sohle findet sich kein Schlamm, nur hie und da etwas feiner Kies.
6) Der Zug der Luft bei den Privat-Einmündungen war nach dem Kanal hinab gerichtet.
7) Ein todtes Ende in der Schellingstrasse fand sich ohne Spülung, jedoch rein und ohne Geruch.

Darnach begab sich die Commission noch zur Siel-Ausmündung an dem Schwabinger Bach und fand, dass das ausströmende Wasser schwach sauer reagirte.

Was die Privateinmündungen anlangt, hätte die Commission gewünscht, dass jede einzelne in einer Weise bezeichnet wäre, dass man daraus sofort Strasse und Hausnummer erkennen könnte; denn es zeigte sich, dass die begleitenden Kanalarbeiter von bestimmten Punkten an erst mühsame und zeitraubende Abzählungen machen mussten, wenn man fragte, welchem Hause eine solche Einmündung angehöre.

Zur Zeit der Begehung, im Hochsommer, fand die Commission wohl, dass die Ventilation der Privateinmündungen eine Richtung von den Häusern nach dem Kanale hatte, das kann aber nur so lange dauern, als die Temperatur in den Kanälen, überhaupt im Boden, niedriger ist, als die Lufttemperatur; im umgekehrten Falle muss die Luft naturnothwendig vom Kanale durch die Privateinmündungen nach den Häusern ziehen. Ein sorgfältiger Verschluss ist allen Bewohnern solcher Häuser, welche mit den Sielen, z. B. durch Küchenausgüsse, in Verbindung stehen, im Interesse ihrer Gesundheit dringend zu empfehlen, denn wenn die Luft in den Kanälen auch nicht sehr schlecht genannt werden kann, so ist sie doch nicht so rein, dass man wünschen könnte, sie zur Ventilation eines Hauses zu verwenden. Wasserschlüsse verschiedener Art (*traps*, wie sie in England heissen) leisten die meiste Sicherheit.

Ausserdem hat Mitglied **Feichtinger** einige Proben von den festen Stoffen genommen, welche sich auf der Sohle des Kanales abgelagert fanden. Sie waren wesentlich nur Kies und feiner Sand, mit wenig organischen Stoffen, ohne schlammartige Theile, und boten sonst nichts bemerkenswerthes dar.

Die zweite Begehung der Sielanlage fand am 21. September 1868 früh 7 Uhr statt, nachdem seit dem 14. September kein Wasser mehr in die Spülbehälter am Anfang der Siele floss, die ganze Spülung der Kanäle mithin dem Hauswasser überlassen war. Seit Anfang September waren nur 3,26 Linien Regen gefallen, so dass die Kanäle schon eine längere Zeit hindurch keine namhafte Spülung durch die Beihilfe der atmosphärischen Niederschläge erhalten haben konnten. Die Temperatur der Luft war im September dieses Jahres noch sehr beträchtlich. Nach den Beobachtungen auf der k. Sternwarte betrug das Mittel der Temperatur Nachmittags 2 Uhr vom 1. bis 21. September 17,8° R. Diese hohe Temperatur und die mangelhafte Spülung lassen den Zeitpunkt für eine Begehung der Siele unter möglichst ungünstigen Umständen als richtig gewählt erscheinen. Die Commission hat ihre Wahrnehmungen in Protokoll XII niedergelegt.

1) Die Commissionsmitglieder stiegen zunächst in das Siel an der Kreuzung der Türken- und Gabelsbergerstrasse hinab, und fanden bei einem Wasserstand von ³/₄ Fuss einen unbedeutenden Geruch, Prof. **Feichtinger** nahm eine Probe des Schlammes zur Untersuchung mit.
2) Hierauf wurde das Siel an der Kreuzung der Amalien- und Schellingstrasse besucht und auch hier bei gleichem Wasserstande nur ein schwacher säuerlicher Geruch gefunden.
3) Nun wurde der Auslauf des Sieles in der Wiesenstrasse besucht, das ausfliessende Wasser, augenscheinlich in viel geringerer Menge als am 27. Juni, nur wenig riechend und von schwach säuerlicher Reaktion gefunden.
4) Darnach begab sich die Commission in das Siel in der Ottostrasse nächst der Wirthschaft zum Achatz, wo sie stark faulen Geruch und sehr schmutziges stagnirendes Wasser von etwa 6 Zoll Tiefe antraf. Prof. **Feichtinger** nahm eine Probe dieses Schlammes zur Untersuchung.
5) Gleicher Gestank fand sich auch bei Besteigung des Sieles nächst Hausnummer 51 in der Bayerstrasse.
6) Schliesslich stieg die Commission in das Siel der Schillerstrasse bei der Einmündung der Schommergasse, wo sie einen Wasserstand von etwa 5 Zoll, den Geruch unbedeutend und das Wasser und den Boden des Sieles rein, nur mit Steinchen bedeckt fand

Die Ablagerung in dem Siele in der Gabelsbergerstrasse war ganz geruchlos, bestand zum grössten Theil aus kleinen Steinchen, und war beinahe frei von feinem Schlamm. Sie entwickelte auch beim Trocknen keinen faulen Geruch und beim Erhitzen nur wenige schwach sauer reagirende Dämpfe.

Hingegen der Absatz im Kanale in der Ottostrasse bestand zum grössten Theil aus feinem Schlamm, welcher beim Trocknen im Wasserbade einen höchst eckligen, stinkenden Geruch wie nach faulenden festen Excrementen und beim Erhitzen über einer Gasflamme höchst unangenehm riechende und stark alkalisch reagirende Dämpfe entwickelte.

In 100 getrockneten Theilen waren 13,17 organische
und 86,63 unorganische Stoffe.

Der Kanal in der Ottostrasse, welcher an dieser Stelle auch ein so schwaches Gefäll zeigt, dass das Wasser völlig stagnirt, steht ohne Zweifel mit den Abtritten und dem Schlachthause der stark besuchten Wirthschaft zum Achatz in irgend einer Verbindung.

Das Resultat der zweiten Begehung der Siele war also nicht so günstig, als wie das der ersten. Frägt man sich um die wesentlichen Gründe dieses Unterschiedes, so lässt sich nichts angeben, als die mangelhafte Spülung der Siele im zweiten Falle. Man kann desshalb mit aller Zuversicht aussprechen, dass die Sielanlage in der Max- und Ludwigs-Vorstadt allen Anforderungen genügt, wenn immer für die gehörige Spülung gesorgt wird. Die zweite Begehung hat aber auch gezeigt, dass bei mangelhafter Spülung Klagen über üblen Geruch aus den Sielen ihre Rechtfertigung finden. Da ein Theil der Siele bereits zu einer Zeit erbaut und dem Gebrauch übergeben wurde, wo die Thalkirchner Wasserleitung noch nicht im Gange, und die aus ihr gespeisten Spülbehälter noch nicht wirksam waren, mussten die vor mehrern Jahren beklagten Uebelstände unvermeidlich eintreten. Die Commission hat sich daher einstimmig dafür ausgesprochen, der Magistrat möchte in irgend einer Weise dafür Sorge tragen, dass eine hinreichende Spülung der Siele auch während der Bachabkehr stattfinde.

Die Spülung des gegenwärtigen Sielsystems in München ist fast ausschliesslich von der Thalkirchner-Wasserleitung abhängig, und erfolgt auf zweierlei Weise, erstens mit dem Wasser aus den Häusern, zweitens mit dem Wasser der Spülbehälter. Je mehr Wasser aus den Häusern kommt, desto weniger brauchen die Spülbehälter zu liefern. Nun ist es aber im Interesse der öffentlichen Gesundheit von München dringend zu wünschen, dass die Spülung nur durch die Häuser erfolge, dass mit andern Worten das ungewöhnlich reine Thalkirchner Wasser nicht nur so direkt bloss zum Fegen der Siele aus den Spülbehältern, sondern zuvor auch zum Trinken, zum Kochen, Waschen und Putzen in den Häusern gebraucht werde, um das notorisch unreine Brunnenwasser in vielen Haushaltungen entbehrlich zu machen, und es zur Stärkung der allgemeinen Gesundheit durch ein besseres zu ersetzen. Die Commission erwartet, dass die Münchner Bevölkerung nun mit gleicher Entschiedenheit gegen das schlechte Brunnenwasser auftreten werde, wie sie sich gegen die schlechte Luft aus den Sielen verwahrt hat. Der Gebrauch des Thalkirchner Wassers in den Häusern hat sich zwar bereits beträchtlich vermehrt, — aber eine noch viel grössere Betheiligung liegt selbst im Interesse der gegenwärtigen Consumenten, weil sie dann im Hochsommer das Wasser viel frischer, als bisher erhalten werden. Bei der verhältnissmässig noch geringen Abnahme strömt das Wasser in manchen Zweigleitungen in den Strassen oft so langsam, dass es Zeit hat, ganz die Bodentemperatur in denselben anzunehmen, die oft beträchtlich höher zu sein scheint, als ausserhalb der Stadt. Die Commission bestimmte am 11. Juli 1868, an welchem Tage die Temperatur der Luft 20° R. im Schatten war, die Temperatur des Wassers 1) im Brunnhause, 2) im städtischen Dultmagazin in der Findlingsstrasse, 3) in der k. Erzgiesserei, 4) im Anwesen Nr. 13 der Schwabingerlandstrasse, dem äussersten Ende der Leitung, 5) im Anwesen Fürstenstrasse Nr. 13, und fand 1) 8° R., 2) 9,8°, 3) 11,9°, 4) 12,5°, 5) 10,4° (siehe Protokoll X). Das Wasser in der Fürstenstrasse war nicht wesentlich wärmer als in der Findlingsstrasse, obwohl die Entfernung von der Quelle die doppelte ist. In der Nähe des Hauses Nr. 13 in der Fürstenstrasse ist ein Spülbehälter, durch den viel Wasser aus der Leitung in das Siel fliesst, wodurch das Trinkwasser an dieser Stelle viel kühler, als an einer andern ist.

Es kann schliesslich noch die Frage aufgeworfen werden, ob ich nach Erledigung des der Commission gewordenen Auftrags auch einige weitere Bemerkungen machen soll, die nicht bloss den gegenwärtigen Zustand der Münchner Kanäle, sondern überhaupt den Zweck und die weitere Entwicklung der Kanalisation zum Gegenstande haben. Ich glaube das rein formelle Bedenken, bei keiner Gelegenheit mehr zu sagen, als man gefragt ist, würde weder in den Augen des Magistrats noch der Einwohner von München mein Stillschweigen rechtfertigen, da in Sachen des allgemeinen Wohles man auch manchmal die Pflicht hat, die Initiative zu ergreifen.

Ich halte es für zweckdienlich, eine bestimmte Stellung in der Frage zu suchen, welche gegenwärtig so viele Stadtverwaltungen angelegentlichst beschäftiget, ob man die menschlichen Excremente aus der Stadt fortschwemmen, oder in Gruben oder Fässern sammeln und dann auf Wagen abführen, wie man überhaupt die Abtrittverhältnisse ordnen soll.

Dass das Schwemmsystem sich mit den Anfoderungen der öffentlichen Gesundheit verträgt, ist in England thatsächlich bewiesen worden. Der neunte Bericht des Medicinalbeamten des englischen Staatsrathes, John Simon, des grossen Förderers der hygienischen Interessen seines dicht bevölkerten Vaterlandes, der seine praktische Aufgabe von jeher auch mit dem Auge des Naturforschers angesehen hat, hat dafür Beweise aus 24 englischen Städten beigebracht, die jedem Vorurtheilsfreien genügen müssen.*) In allen diesen englischen Städten ist seit Einführung des Schwemmsystems (Waterclosets und Kanalisirung) und seit der Beischaffung hinreichenden und reinen Wassers die Mortalität nachweisbar, in einzelnen Fällen sehr beträchtlich zurückgegangen. John Simon hat es von jeher als eine allgemeine Aufgabe der öffentlichen Gesundheitspflege betrachtet, die Luft, den Boden und das Wasser des menschlichen Wohnhauses möglichst frei von allen excrementitiellen Stoffen und allen damit zusammenhängenden secundären organischen Produkten zu halten, das Watercloset und der Schwemmkanal sind ihm aber nie Zwecke, sondern nur Mittel zum Zwecke gewesen. Man setzt sich also mit dem Wesen der in England erzielten Resultate durchaus in keinen Widerspruch, wenn man den Zweck auch durch andere Mittel zu erreichen sucht. Es wird sich nur fragen, gibt es überhaupt noch andere Mittel, die Luft, den Boden und das Wasser des Hauses von der Verunreinigung durch Excremente zu schützen? Die Möglichkeit muss zugestanden werden, wenn sie auch von den eigentlichen Waterclosetfanatikern geläugnet wird. Eine weitere Frage muss sein, ob die andern Mittel auch dieselbe Vollendung besitzen oder derselben fähig sind, wie sie das Schwemmsystem hat? Diese Frage kann nicht sofort bejaht werden. Das englische Schwemmsystem ist praktisch so durchgebildet und im Laufe der Zeit vollkommen geworden, wie kein anderes, im Augenblick hält kein anderes System die Concurrenz damit aus. Es setzt aber neben guten Schwemmkanälen und guten Waterclosets auch noch eine reiche Versorgung mit laufendem Wasser durch alle Stockwerke der Häuser voraus, die wir z. B. in München erst einrichten müssten. Ebenso muss man wissen, wohin man das Fortgeschwemmte leitet. In München wäre ohne Zweifel kein besonderer Nachtheil damit verbunden, wenn man den ganzen Inhalt der Kanäle unterhalb der Stadt in die Isar leiten würde. Wenn aber alle an der Isar gelegenen Orte dasselbe thäten, so würde in den Zeiten niedriger Wasserstände die Isar mit einer Qualität in Plattling ankommen, dass man sie für gesundheitsschädlich erklären müsste, wie es vielen Flüssen in England schon ergangen ist. Man arbeitet in England der Verunreinigung der Flüsse durch das Kanalwasser der Städte gegenwärtig dadurch entgegen, dass man es zur Berieselung von Wiesen verwendet. Das müsste man in München auch thun; es wäre also zuerst eine Be-

---

*) Ninth Report of the Medical Officer of the Privy Council. 1866. p. 35.

rieselungsfläche in der Nähe der Stadt aufzufinden, auf welche das Kanalwasser das ganze Jahr hindurch stellenweise geleitet werden könnte. Ich möchte desshalb ein genaues Studium der Berieselung in England an Ort und Stelle dringend empfohlen haben.

Ehe man sich zum Schwemmsystem in München entschliesst, wird es unvermeidlich werden, noch Versuche anzustellen, auch auf andere Weise zum Ziel zu kommen. Als principiell richtig muss zugestanden werden, dass das Tonnensystem mit geregelter Abfuhr, verbunden mit einer Ventilation der Abtrittröhren, Luft, Boden und Wasser des Hauses ebenso rein zu erhalten vermag, wie das Schwemmsystem *) — Das Schwemmsystem als die einzige Möglichkeit auszurufen, um einen gesunden menschlichen Wohnplatz herzustellen, halte ich nicht nur für übertrieben, sondern selbst für unrecht, — weil man dadurch allen Orten und Häusern, wo dessen Durchführung nicht möglich ist, einen Stempel der Ungesundheit aufdrückt, der nicht gerechtfertigt ist. Nach meiner Ansicht ist diejenige Methode die beste, welche nicht nur dem Zweck entspricht, sondern welche auch überall anwendbar ist.

Aber der Versuch, das englische Schwemmsystem durch etwas anderes, ebenso zweckentsprechendes zu ersetzen, muss gemacht werden; er macht sich nicht von selbst, und der Versuch muss aufgegeben oder abgeändert werden, wenn er nicht dasselbe gute Resultat gibt, wie das englische Schwemmsystem. Ebenso wie das Studium der Berieselung möchte ich desshalb auch das der Abfuhr empfohlen haben. Selbst wenn München schliesslich zum Schwemmsystem und Watercloset überginge, hätten die Studien nach der andern Richtung hin doch ihren hohen Werth, da sie ergeben würden, was man in allen jenen Fällen am besten anwenden könne, in welchen das Schwemmsystem nicht angewendet werden kann.

Es wäre eine grosse Ueberschätzung, wenn man die Verbesserung der Sanitätsverhältnisse in den englischen Städten lediglich auf Rechnung der prompten Fortschaffung der Excremente durch die Waterclosets schreiben wollte. Was man in England Works of sanitary improvement (Werke für Besserung der Gesundheit) nennt, darunter sind stets wenigstens 3 Dinge begriffen, Kanalisirung, Trinkwasser und Watercloset. Es ist eine Aufgabe, die erst gestellt und gelöst werden muss, auszuscheiden, wie viel vom Resultat der Zunahme der mittlern Lebensdauer auf Rechnung jedes einzelnen dieser 3 Dinge, und auf Rechnung noch anderer gleichzeitiger Einflüsse kommt. Auf Vermeidung der üblen Ausdünstungen der Excremente in den Abtritten wird nach meiner Ueber-

---

*) Siehe mein Gutachten über die Kanalisirung von Basel. Zeitschrift für Biologie. Bd. III. S. 275.

zeugung der verhältnissmässig kleinste Antheil treffen. Der Gesundheitszustand hat sich nicht bloss in England, wo die Waterclosets zu Hause sind, er hat sich auch in München in den letzten 10 Jahren wesentlich gebessert, ohne Waterclosets.

Kanalisirung ohne alles übrige vermag schon sehr viel zur Verbesserung der Gesundheit mancher Orte beizutragen, gleichwie durch blosse Drainirung die Fruchtbarkeit eines Ackers oder das Erträgniss einer Wiese beträchtlich gesteigert werden kann. Für München hat die Kanalisirung an sich eine grosse Bedeutung, weil sie allein es ermöglicht, die Versitzgruben, diese Verderber und Verpester jedes porösen Bodens zu entbehren. Man denke sich, welcher Unterschied es ist, wenn ein Haus zeitweise überlaufende Versitzgruben, stets nässelnde Wassersäcke im Rücken hat, oder wenn jedes Wasser jeden Augenblick durch Kanäle abgeführt wird. Man kennt jetzt so viele Thatsachen, dass die Grösse des Wechsels in der Durchfeuchtung poröser Bodenschichten ein begünstigendes Moment für manche Krankheiten ist, dass man den Werth einer guten Kanalisation, welche unter allen Umständen eine viel grössere Gleichmässigkeit in der Durchfeuchtung des Bodens mit sich bringt, schon allein aus diesem Grunde nicht hoch genug anschlagen kann. Das vor Kurzem erschienene Gutachten der wissenschaftlichen Deputation für das Medicinalwesen in Preussen über die Kanalisation von Berlin — von Virchow redigirt (Seite 54 u. 55) — dringt darauf, mit der Kanalisirung wesentlich auch eine Regulirung des Grundwasserstandes von Berlin herbeizuführen, weil nicht nur Wechselfieber, Typhus und Cholera sondern auch noch andere Krankheiten durch gewisse Grundwasserverhältnisse begünstigt werden. »Die Staats- und die Stadtverwaltung dürften sich daher der Erwägung nicht entziehen, dass in den Zuständen des Grundwassers eine der wichtigsten Quellen der Verschlechterung der Luft gegeben sei, und die wissenschaftliche Deputation müsse es als eine der dringlichsten Aufgaben der Sanitätspolizei bezeichnen, dass recht bald auch in Berlin vergleichende Beobachtungen über die Höhen des Grundwassers und über den Gang der Morbilität und Mortalität der Bevölkerung angestellt werden möchten.«

Die Idee vom Einfluss des Grundwassers auf Krankheiten gehört der neuesten Zeit an, und der Plan für die Münchner Siele stammt aus einer Zeit, in welcher noch ganz andere Ansichten herrschten, man kann desshalb gegen den Erbauer nicht den geringsten Vorwurf erheben, dass er darauf noch keine Rücksicht genommen. Zur Regulirung des Grundwassers, wie an vielen andern Orten, tragen die Siele in München allerdings nicht bei, denn ihre Sohle liegt durchweg über dem Grundwasser, — aber doch haben sie unzweifelhaft die Schwankungen im Wassergehalte unsers porösen Baugrundes durch Abschaffung zahlloser

Versitzgruben wesentlich geringer gemacht. Es wird aber nicht zu umgehen sein, künftig bei der Fortsetzung des Werkes auch diesen Gesichtspunkt hereinzuziehen, und die bevorstehende Kanalisirung des Thales und der zwischen ihm und der Isar gelegenen Stadttheile wird auch in München bald hinreichend Gelegenheit geben, auf das Grundwasser Rücksicht zu nehmen.

Wenn aber Kanäle nützlich, ja sogar nothwendig sind, — sagen die unbedingten Verehrer des Waterclosets — warum soll man durch sie nicht auch die Excremente abführen? Varrentrapp sagt, man baue nur einmal gute Kanäle zur Entwässerung der Städte, die Waterclosets kommen dann von selbst. München befindet sich mit seinem Sielsystem in dem Falle, auf den Varrentrapp hinweist, es wird desshalb nicht ohne Interesse sein, sich die Frage zu stellen, ob die Münchner Siele geeignet wären, die Excremente aus Waterclosets aufzunehmen? Die gehörige Speisung der Closets in allen Stockwerken mit Wasser vorausgesetzt, kann die Frage nicht verneint werden. Wir haben oben in dem Beispiele von Rugby gesehen, dass frische Excremente die Imprägnirung des Bodens unter den Kanälen nicht wesentlich vermehren würden. Man hätte also unter gewissen Voraussetzungen vom hygienischen Standpunkt keinen Grund, die Verbindung guter Waterclosets mit den Sielen zu verbieten. Aber der Vergleich des Kanalwassers von Rugby mit dem Nacht-Wasser der Siele in München macht es zur unabweislichen Pflicht, Abtrittgruben und sonstige Behälter mit bereits in weitere Zersetzung übergegangenem organischem Unrath mit noch grösserer Strenge und Sorgfalt von den Sielen auszuschliessen, als bisher, ja selbst eigene Vorrichtungen zu erfinden, um solche Zuwiderhandlungen gegen das Verbot sicher constatiren, und dann bestrafen zu können.

Ebenso sicher dürfen wir annehmen, dass sich unsere alten Münchner Kanäle mit breiter Sohle und verhältnissmässig schwacher Spülung weder zur Aufnahme frischer Excremente, noch des Grubeninhalts eignen. Die frischen Excremente würden in ihnen liegen bleiben und sich zersetzen, wie in Gruben, wir hätten da nur Abtrittgruben, die oft so lang wie viele Strassen wären. Der Unterschied zwischen unsern Sielen und unsern alten unterirdischen Strassenkanälen muss jedem deutlich werden, der sich überzeugt, was in den einen und in den andern am Boden gefunden wird und herausgeräumt werden muss. Wir überzeugen uns jedes Jahr im Herbste bei der allgemeinen Bachauskehr, welche Zeit auch zur Säuberung der alten Strassenkanäle benützt wird, was uns die unterirdischen Nymphen auf Schubkarren aus diesen Kanälen zu Tage fördern, während die Siele nie einer Räumung, sondern nur einer zeitweisen Auflockerung des sich an einigen Stellen manchmal fest zusammen setzenden Strassensandes bedürfen.

Man kann desshalb ganz gut einstweilen noch die Frage offen lassen, ob München zum Schwemmsystem auch für die Excremente, also zu den Waterclosets nebst allem was dazu gehört, übergehen soll. Die Ansicht von G. Varrentrapp erweist sich auch hierin als eine richtige und praktische, vor allem Herstellung eines guten, nach einheitlichem Plane angelegten Sielnetzes. Bis dieses Werk vollendet ist, muss auch die Frage entschieden sein, ob sich die Abfuhr der Excremente, das Gruben- oder Tonnensystem so weit vervollkommnen und so billig machen lässt, dass dadurch die Reinheit der Luft, des Bodens und des Wassers unserer Wohnhäuser mindestens ebenso gesichert erscheint, wie durch ein gutes englisches Schwemmsystem. Aber ich wiederhole, und lege es unsern Behörden dringend ans Herz, unsere Stadt muss noch viel reiner werden, als sie gegenwärtig schon ist, und alle Erhebungen, Arbeiten und Versuche, die in dieser Richtung noch nöthig sind, werden sich nicht zufällig wie von selbst erledigen, sie müssen mit Verständniss, Ernst und Ausdauer ihrer selbst willen gemacht werden.

Schliesslich möchte ich noch unsere Landwirthe darauf aufmerksam machen, dass die Hygiene nur die Aufgabe hat, den Unrath zu beseitigen, aber nicht die Felder damit zu düngen, was nur der Agricultur zusteht. Die Hygiene wird künftig ihr Geschäft ohne jede Rücksicht auf den Feldbau besorgen, kann sich jedoch in der Wahl ihrer Mittel bis zu einem gewissen Grade von einem grösseren oder geringeren Angebot des Landwirths leiten lassen. Mögen sich die Münchner Landwirthe recht bald darüber schlüssig machen, ob ihr Vortheil mehr auf der Seite des Schwemmsystems, oder der Abfuhr in Tonnen liegt.

Dr. M. v. Pettenkofer,
Referent.

Obiges Referat von der Commission am 6. März 1869 berathen und in allen Punkten genehmiget.

Dr. Feichtinger. Dr. Frank. Dr. H. Ranke.

Anhang.

Protokoll I bis XIII nebst Beilagen.

I. Protokoll.

Sitzung am 12. Dezember 1867.

Nachdem untengenannte Herren erschienen waren, legte Baurath Zenetti denselben die Pläne der Sielanlage der Ludwigs- und Max-Vorstadt, dann der Kanalisirung der übrigen Stadttheile Münchens vor; erläuterte dieselben soweit sie bis jetzt ausgeführt sind, und zeigte hienach die von ihm soeben im Entwurf begriffene Fortsetzung des Sielnetzes vor.

Die Commission beschloss hierauf nach längerer eingehender Besichtigung dieser Pläne vor Allem nachfolgenden Aufruf an die Bewohner Münchens zu erlassen, und denselben dreimal in den ›Neuesten Nachrichten‹, der »Augsburger Abendzeitung« und dem »Münchener Boten« zu veröffentlichen.

Dieser Aufruf lautet:

An die Bewohner Münchens!

Der Magistrat der kgl. Haupt- und Residenzstadt München hat unter dem 26. November eine Commission aus unparteiischen Sachverständigen ernannt, zur Untersuchung des gegenwärtigen Zustandes des hiesigen Strassenkanal- (Siel-) Systems.

Die Commission glaubt nun vor Allem die Bewohner Münchens auffordern zu sollen, ihre im Laufe des gegenwärtigen Jahres etwa gemachten Beobachtungen über belästigende Gerüche oder Verderbniss des Brunnenwassers, insoweit dieselben mit den Sielen in Verbindung gebracht werden, mitzutheilen.

Man erbittet die Zuschriften mit genauer Unterschrift und Angabe der betreffenden Lokalität spätestens bis zum 31. d. Monats beim Hausmeister der polytechnischen Schule, Damenstiftsgasse Nr. 2, abgeben zu wollen.

München, den 12. Dezember 1867.

Die Commission.

Pettenkofer.   Dr. H. Ranke.   Dr. Feichtinger.   Dr. Frank.

Zenetti, als Schriftführer.

II. Protokoll.

Sitzung am 14. Januar 1868.

Den in Folge anliegenden Circulars vom 9. Jänner erschienenen unten angeführten Herren Commissions-Mitgliedern theilt Herr Professor Dr. Feichtinger die bis zum Heutigen beim Hausmeister der polytechnischen Schule eingelaufenen anliegenden 15 Produkte mit. Die Commission beschliesst nach Durchlesung derselben einen Rundgang zu halten, die in den anliegenden Schriftstücken bezeichneten Punkte zu besichtigen und zu dieser Besichtigung die sämmtlichen Klagesteller durch eine Zuschrift einzuladen.

Von den Einläufen Nr. III und IV soll jedoch Umgang genommen werden, einestheils, weil dieselben anonym zugestellt wurden, anderntheils auch die Stadtkanalisirung nicht betreffen. Gleiches gilt vom Einlauf Nr. IX und XIII. Einlauf Nr. XV ist ein Exemplar des bayer. Landboten vom 9. August 1865 mit einem längeren Artikel über die Kloakenfrage, welcher gleichfalls vorerst keiner weitern Würdigung unterstellt wurde, weil es sich gegenwärtig um Prüfung des bestehenden Systems, nicht um Bearbeitung eines neuen Projektes handelt.

Die zu erlassende Zuschrift an die klagenden Bewohner lautet:

„Die Commission zur Untersuchung des Sielsystems wird künftigen Samstag den 18. Januar Nachmittags einen Rundgang machen, und wünscht bezugnehmend auf Ihre Klagen bei dieser Gelegenheit Rücksprache mit Ihnen zu nehmen.

München, den 16. Januar 1868.

Hochachtungsvollst

Die Commission."

Dr. v. Pettenkofer. Dr. Ranke. Dr. Feichtinger. Dr. Frank.

Zenetti, als Schriftführer.

Beilage I. München, den 16. Dezbr. 1867.

In Folge der Ausschreibung vom 12. ds. erlaube ich mir zu bemerken, dass in unserer Strasse allerdings der unausstehliche Geruch aus den Kanälen sich gemindert habe, dass ich aber demungeachtet von einem Uebelstande befreit werden möchte. — Das vergitterte Abzugsloch in den Kanal befindet sich nämlich gerade vor meiner Hausthüre, während links und rechts von demselben hinreichend freier Raum gewesen wäre, dasselbe anzubringen. — So wie es jetzt ist, zieht sich die Ausdünstung gerade den in den Wagen ein - und aus demselben aussteigenden Personen in die Nase, und der Geruch braucht dann nicht heftig zu sein, um dennoch sehr lästig zu fallen.

Ein Augenschein wird von diesem Uebelstande Jedermann überzeugen.

Beilage II. München den 16. Dezbr. 1867.

In Benützung der durch öffentliche Aufforderung gebotenen Gelegenheit erlaubt sich der ergebenst Unterzeichnete die Aufmerksamkeit einer verehrlichen Commission auf die Gegend der inneren Bayerstrasse zu lenken. In der Umgebung des Hauses Nr. 51. dieser Strasse, in dessen unmittelbarer Nähe sich ausser zwei unbedeckten Abzugsöffnungen für das Strassenwasser noch zwei grössere mit eisernen Deckeln belegte Zugänge zum Strassen-Kanal befinden, macht sich zeitweise und in wechselnder Intensität, am auffallendsten an feuchtwarmen sturmfreien Sommer-Abenden, ein Uebelgeruch wie von faulendem Schlamm bemerkbar die das Oeffnen der Wohnungs-Fenster verbietet, und den ständigen Aufenthalt in diesem Revier verleidet. Da dieser Geruch in der Zeit vor der Kanalisirung der Bayerstrasse nie wahrgenommen wurde, und sein zeitweises Auftreten genau von der Herstellung des Kanals datirt, so liegt die Annahme nahe, dass er gasförmigen Effluvien dieses Kanals seinen Ursprung verdanke. Dass an diesem Punkte eine fehlerhafte Beschaffenheit des Siels vorliege, drängt sich schon als Vermuthung auf, wenn man bisweilen nach stärkeren Regengüssen von Arbeitern eine Fülle von Schlamm-Wasser aus den Abflussöffnungen der einen Strassen-Seite schöpfen und karrenweise in die der andern Seite überfüllen, oder wenn man regelmässig von Zeit zu Zeit aus den nämlichen Oeffnungen mühselig dicken Schlamm heraufbefördern und fortschaffen sieht, — eine Arbeit, die in geradem Gegensatz zu dem steht, was die Kanalisirung bezweckt.

Da aber die Ausdünstungen des Canals, schon durch ihren Geruch belästigend genug, vielleicht überdiess unter Umständen für die Gesundheits-Verhältnisse der Umgegend gefahrbringend sind, so ist hier Abhilfe insoweit solche möglich, um so wünschens- und dankenswerther.

Beilage III. Praes. d. 20. Dezbr. 1867.

Bitte der Bewohner der Dammgasse, der Krämergasse, Entenbachstrasse von Haus Nr. 32 bis zur Ohlmüllerstrasse der Vorstadt Au, wenn es möglich ist, auch ihrer sich anzunehmen, denn ein Uebelstand wie da, wird nicht leicht vorkommen. Die zwei ersten sind gar nicht kanalisirt, letztere hat zwei Kanäle, kann aber das Abwasser nicht in den Entenbachkanal abfliessen und wird bei Regengüssen zum See, bei trockenem Wetter aber gibt es einen unausstehlichen Geruch.

Nicht wissend, ob sich die hochlöbliche Commission auch um die Vorstädte annimmt, bitten die Bewohner, für sie vielleicht doch etwas beizutragen.

Beilage IV. Praes. d. 23. Dezbr. 1867.

Der Aufforderung zufolge, „Neueste Nachrichten" v. 12. ds., sind die Bewohner der Frauenstrasse so frei, hochlöbl. Commission darauf aufmerksam zu machen, dass zur wärmeren Jahreszeit, namentlich des Abends, wenn die Kellerlucken geöffnet sind, aus dem Souterrain des Hauses Nr. 11 in der Frauenstrasse, ein verwesungsartiger scharfer Gestank auf die Strasse dringt, was möglicherweise in verfaultem Wasser den Grund hat. Von der Richtigkeit kann sich jeder, der die Strasse wandeln muss, namentlich Abends nach 7 Uhr im Sommer überzeugen.

A n m e r k. Die Klagen 3 und 4 sind anonym eingeschickt worden und beziehen sich auf Stadttheile, welche sehr ferne von den Sielen liegen, konnten desshalb nicht berücksiehtigt werden.

Beilage V. Praes. d. 23. Dezbr. 1867.

Zufolge öffentlicher Aufforderung finde ich mich veranlasst, meine seit bereits sieben Jahren in der Landwehr- und Schwanthalerstrasse gemachten Beobachtungen des Strassenkanals mitzutheilen.

Der pestilenzialische Geruch ist circa zwei Jahre merkbar weniger vorgekommen, wesshalb ich bestimmt annehme, dass nicht der Witterungswechsel, sondern das rücksichtslose Einleiten des Odelwassers in den Kanal einzelner Hauseigenthümer die Hauptrolle spielt.

Diesem Uebel kann nur durch strengem Polizeiverbot abgeholfen werden und zwar: Man lasse die Aufforderung ergehen, dass kein Odelwasser in die Hauskanäle geschöpft werden darf und dass der sogenannte „Pfaff" in den Dunggruben entfernt werden muss, denn gerade dieser ist der geheime Leiter des Odelwassers. — Bin gerne bereit, Näheres mündlich mitzutheilen.

Beilage VI. München den 22. Dezbr. 1867.

Bei Ausführung des Sielkanales der Luitpoldstrasse machte Unterfertigter die Beobachtung, dass derselbe im Gefälle verfehlt wurde. — Die sich in demselben gesammelten Schlammmassen der Abwässer und die hiedurch veranlassten üblen Gerüche bewirkten übrigens in Bälde die bauliche Vornahme einer Gefälls-Correktur.

Dieselbe scheint übrigens nicht mehr im Stande gewesen zu sein, den anfänglichen Gefällsfehler vollständig zu beseitigen, denn das Siel der Luitpoldstrasse gehört leider heute noch zu jenen, welche gleich einer Abtrittgrube periodisch geräumt werden müssen.

Jedes Siel, das aber einer periodischen Räumung bedarf, ist kein Kanal mehr, sondern eine Kloake und je nach dem Zustande des Mauerwerkes eine Versitzgrube, und mit allen den Nachtheilen dieser behaftet.

Es ist selbstverständlich, dass dieser im Siel lagernde Schlamm fault und verwest und demgemäss üble Gerüche durch die Einsteigschächte und Strassengossen in die Strasse, und durch die Hauskanäle und Ausgussrohre in die Wohnungen verbreitet.

Seit dem Bestehen des Siels und demgemäss auch im heurigen Jahre belästigte dieser Geruch manchmal wochenlang den Unterfertigten in der Wohnung, in dessen Küche sich ein Ausgussrohr befindet, sowie auch in der Strasse selbst.

Dass dieses nicht constant der Fall ist, dürfte seinen Grund in dem Zufalle finden, dass das Siel der Luitpoldstrasse das schlammreiche Regenwasser der Elisenstrasse und eines Theiles des Karlsplatzes als Zufluss hat, welches wegen seiner Kalkschlammmasse, den organischen Theil des Sielschlammes mineralisirt und dadurch den Fäulniss- und Verwesungsprozess aufhebt.

Sobald sich aber auf dieser mineralisirten Schlammmasse wieder eine genügende Schichte organischer Schlamm angehäuft hat, beginnt wieder der Geruch, bis glücklicherweise wieder ein eintretendes Regenwetter die Mineralisirung dieses neuen Schlammzuganges bewirkt u. s. f.

Bei dieser Sachlage geht das Petitum des Anzeige-Erstatters dahin, dass verehrliche Commission

„sich von der Unfähigkeit der Abführung der schlammigen Ab-
„wasserbestandtheile durch das Siel der Luitpoldstrasse überzeu-
„gen, das der Gesundheit Nachtheilige einer Schlammablagerung
„im Siel constatiren, und die Nothwendigkeit der Beseitigung
„dieses Missstandes aussprechen wolle."

VII. Beilage.

Wien, den 25. Dezbr. 1867.

Der Pumpbrunnen im Keller meines Hauses an der Ecke der Otto-, Karl- und Barerstrasse nächst dem Dultplatze in München, (wahrscheinlich der tiefste in der Max-Vorstadt) aus welchem die Dampfmaschine täglich über 300 Cubik-Fuss Wasser pumpt, womit ca. 50 Küchen des Hauses mit Trink- und Waschwasser versehen werden, hat seit dem Bestehen der Strassen-Kanäle, welche den Hausstock von drei resp. vier Seiten umgeben, beständig gutes, reines Wasser geliefert und es dürfte wohl in ganz ausserordentlich seltenen Fällen die aus den neuen Kanälen sickernde geringe Quantität Flüssigkeit Ursache an der Verschlechterung einzelner Brunnen in München sein. Dass es besser wäre, wenn die Sohle der Münchener Kanäle, wie in manch andern Städten aus massiven Haussteinen hergestellt würde, ist selbstverständlich, weil das die Hauptstelle ist, wo durch die Rollschichte des Backsteinmauerwerkes das Wasser versitzen kann.

Was den Gestank aus den Strassen-Kanälen betrifft, so weiss dieses jeder Mensch, dass Stadtkanäle und wenn deren Gefälle ein noch so starkes ist, die Luft verpesten, soferne in denselben nicht continuirlich eine hinlängliche Menge reines Wasser fliesst und davon hab' ich mich an meinem Hause leider um so öfter und besser überzeugen können, als 4 Kanäle hier ihren Anfang nehmen und in diesen sogen. todten Punkten der Unrath umsomehr sich ablagert. Denselben meint man durch das Stauwasser von Zeit zu Zeit durchspülen zu können, was jedoch — wie ich mich selbst bei grösserem Gefälle anderwärts oft zu überzeugen Gelegenheit hatte, nur sehr mangelhaft gelingt.

München wird daher, so lange nicht eine genügende Menge reines Wasser continuirlich durch die Strassenkanäle geführt werden kann, eine grosse Calamität bekommen und da ich in diesem Puncte eine ziemliche Erfahrung aus anderen Städten habe, so erlaube ich mir hier zu behaupten, dass die Anwendung aller chemischen Mittel und kleinlichen wasserkünstlerischen Einrichtungen nie dem Uebelstande radikal abhelfen werden und daher unsere nächsten Nachkommen schon die Kanäle Münchens umbauen dürften.

Welch' namenlosen Vortheil das fliessende Wasser in den Strassenkanälen ausserdem den Hausbesitzern und Bewohnern Münchens brächte und welch' günstigen Einfluss dasselbe auf den Gesundheitszustand der Bevölkerung hätte, ist so einleuchtend, dass es Jedermann für ein unenträthselbares Geheimniss betrachten muss, warum man in München bei der Neuanlage der Strassen-Kanäle nicht dieses System wählte, dem die natürlichen Verhältnisse dort so günstig waren. Es könnten dann in München auch die Water Closets, die viel Wasser in die Gruben bringen, allgemein eingeführt und der flüssige Theil der Kloaken in die Strassenkanäle geleitet werden und würde demnach das ofte, kostspielige und der Gesundheit so sehr schädliche Oeffnen und Räumen der Abtrittgruben nicht nothwendig.

Beilage VIII.   Praes. den 30. Dezbr. 1867.

In der Schillerstrasse Nr. 8 befindet sich noch immer eine Oeffnung zur Reinigung des Kanals.

Aus dieser Oeffnung steigen namentlich im Frühjahr, Sommer und Herbst so übelriechende Dünste auf, und bei Ausleerung derselben, wesswegen ich gezwungen bin, um Abstellung derselben durch Entfernung von diesem ganz unzweckmässigen Platz, um so mehr zu bitten, da gerade diese Oeffnung vor dem Eingang des Spezereiwaarenladens sich befindet, daher die Nachtheile um so grösser sind.

In der sicheren baldigen Abhilfe dieses Missstandes zeichnet sich achtungsvoll etc.

Beilage IX.   Praes. den 30. Dezbr. 1867.

Auf das Inserat vom 12. d. Monats in den N. N. erlauben sich die gehorsamst Unterzeichneten, bezüglich des Brunnenwassers, die Commission aufmerksam zu machen, dass auch der Brunnen an der Kirchhofmauer am Heumarkt, namentlich im Sommer, ein ganz faules stinkendes Wasser liefert; und da das Haus Nr. 9 auf diesem Platz keinen Brunnen hat, so sind dessen Bewohner genöthigt, dieses schlechte Wasser zum Trink- und Kochwasser zu gebrauchen, desshalb um baldige Abhilfe gebeten wird.

Anmerk. Diese Klage konnte nicht berücksichtigt werden, da der bezeichnete Brunnen ganz ausserhalb des Bereiches der Siele liegt.

Beilage X.   München, den 30. Dezbr. 1867.

Ich beehre mich, mit Bezug auf die in öffentlichen Blättern ergangene diessbezügliche Aufforderung anzuzeigen, dass aus dem Kanale in der Damenstiftsgasse, besonders vor dem Hause Nr. 6, in welchem ich mit meiner Mutter, der Stabsarztenswittwe N. N. wohne, im vergangenen Sommer und Herbste stets bei Anbruch des Abends so übelriechende Dünste entstiegen, dass wir, im 2. Stocke, nicht im Stande waren die Fenster offen zu halten. Nach ein oder zwei Stunden schien mir dieser Geruch nachzulassen und aufzuhören.

Beilage XI. Praes. den 31. Dezbr. 1867.

Schon geraume Zeit warte ich auf einen passenden Moment, über die viel besprochenen Kanalübel auch meine bescheidene Stimme zu erheben, ich halte diesen Augenblick für gekommen und werde ihn dazu benützen, meine Erfahrungen der Wahrheit gemäss und ohne Uebertreibung einer verehrlichen Commission darzulegen.

Zur besseren Beurtheilung meiner Angaben sei vor Allem erwähnt, dass ich ein Bewohner der Josephspitalgasse, und zwar nicht seit kurzem, sondern ungefähr seit 9 Jahren bin, und mich also in der Lage befinde, zwischen der Zeit vor und nach der Kanalisirung einen Vergleich zu ziehen.

Durch die Anlegung des Kanales wird mein Aufenthalt in der genannten Strasse thatsächlich in 2 Perioden eingetheilt. In der ersten derselben athmete ich reine Luft und trank reines Wasser, ohne den Werth dieser beiden unschätzbaren Güter zu kennen, die zweite belehrte mich darüber.

Es hatte mir gleich von vorneherein das blinde Anfangen des Sieles (z. B. in der Kreuzgasse) bedenklich geschienen, ich befürchtete an dem Mangel eines förmlichen Spülbaches die schlimmsten Folgen — und gar bald gab die Erfahrung dem Laien Recht. Es entwickelte sich gewöhnlich Abends, nicht selten aber auch während des Tages, in den Tiefen des Kanales ein abscheulicher Fäulnissgeruch, der in ergiebigen Massen aus den weiten Oeffnungen heraufstieg und mich zwang, selbst an den heissesten Sommertagen eiligst jede Fuge so fest als möglich zu verschliessen.

Ueber die schrecklichen Folgen, die eine solche Luftverpestung etwa für einen Typhuskranken, für den oft die einzige Rettung eine frische reine Luft ist, haben kann, über die Gefahr für Gesunde, namentlich bei drohenden Epidemieen, und überhaupt über die Lästigkeit eines solchen Uebels will ich nicht viele Worte machen.

Man schrieb und eiferte für und gegen; endlich beging eine Commission sämmtliche Oeffnungen des Kanales und fand — dass Alles blinder Lärm sei!

Kann man auch in das Geruchsorgan dieser Herren keinen Zweifel setzen, so behaupte ich doch, dass das Resultat eines einmaligen Augenscheines nichts anderes konstatirt, als dass an diesem Tage kein Geruch zu verspüren war; wenn ich nicht irre, hat auch noch Niemand behauptet, dass dem Kanale der Geruch beständig entströmt. Ich hätte damals gerne den Vorschlag gemacht, die Augenscheins-Commission möchte, anstatt sich auf ein so zufälliges Resultat zu stützen, etwa in der Josephspitalgasse auf einige Wochen ein Gelass miethen, und allabendlich von 5—11 Uhr mit dem von der Natur gegebenen Instrument die Luft analysiren, und ich bin überzeugt, das Resultat würde bald anders gelautet haben! Eine chemische Untersuchung vollends hätte schreckliche Dinge enthüllt!

Uebrigens muss ich, um meinem Versprechen treu zu bleiben, bemerken, dass der Geruch seit dem letzten Sommer — ob aus einem vorübergehenden oder bleibenden Grund weiss ich nicht — an Intensität, Häufigkeit und Dauer bedeutend abgenommen hat, doch ist der Rest noch immer mehr als zuviel, weil es eine derartige Luftverpestung einfach gar nicht geben sollte.

Was aber den Einfluss des Kanales auf das Wasser betrifft, so mag man von einer Cementüberkleidung des Sielbodens und der Wände denken, wie man will; das ist sicher und gewiss, dass seit Errichtung des Kanales der allgemein benützte Brunnen vor der Ecke der Josephspital- und Damenstiftsgasse von Zeit zu Zeit ein Wasser liefert, das so trüb braun-grün ist, dass man in den kleinsten Gefässen nicht auf den Boden sehen kann; ein Wasser, das nach Fäulniss riecht und nach Fäulniss schmeckt, das in einer reinlichen Haushaltung nicht zum Kochen benützt werden kann, das ich wenigstens nicht zum Mundausspülen geschweige zum Trinken gebrauchen mag.

Dass der Grund dieser nur von Zeit zu Zeit auftretenden Erscheinung nicht lediglich in anhaltender schlechter Witterung zu suchen ist, geht daraus hervor, dass der benannte Brunnen auch vor Anlegung des Kanales in Folge länger dauernden Regenwetters ein getrübtes, nie aber ein nach Fäulniss stinkendes Wasser geliefert hat, ein Umstand, der dazu berechtigen dürfte, die jetzige Trübung mit dem Kanale in Verbindung zu bringen.

Beilage XII. Praes. den 31. Dezbr. 1867.

Vom Hause des Hrn. N. N., Dachauerstrasse Nr. 39, welches Haus an mein Haus angebaut ist, ist vorigen Sommer ein Kanal in den Strassenkanal gemacht worden. Der erstere Kanal hat nun die Bestimmung nicht nur den Inhalt der Versitzgruben etc. in den Strassenkanal zu leiten, sondern auch den Inhalt der *Abtrittgruben*, denn auch von den Abtrittgruben ist eine Leitung in diesen Kanal hergestellt worden.

Seit nun dieser Kanal gebaut worden, ist das Wasser im Brunnen meines Hauses (Schleissheimerstrasse Nr. 44), welches vorher sehr gut war, ganz verdorben, vollständig unbrauchbar geworden. Nach genauer Untersuchung erklärte der Brunnenmacher, dass das unreine Zeug vom Hause Nr. 39 an der Dachauerstrasse, also vom Nachbarhause herrühre.

Ja, noch nicht genug. Nach seiner Meinung ist auch noch der Brunnen meines zweiten Hauses (Schleissheimerstrasse Nr. 43) im höchsten Grade von dieser Seite bedroht.

Auf welche Weise bei der Anlegung des vorhin erwähnten Kanales gefehlt worden, weiss ich nicht, und eben so wenig kann ich bestimmen, an welcher Stelle der Fehler steckt. —

Ich habe dieser Sache wegen mehrmals Anzeige gemacht, es steht aber bis zur Stunde noch Alles beim Alten, ich habe bis heute in dieser Angelegenheit noch nicht das Mindeste erreicht.

Beilage XIII. München, den 29. Dezbr. 1867.

Unterzeichneter bittet die geehrte Commission, auch in seiner Behausung eine Untersuchung anzustellen.

Obere Kanalstrasse Nr. 60.

A n m e r k. Die Kanalstrasse liegt weit ausser dem Bereich des Sielsystems.

Beilage XIV. Bayerischer Kurier Nr. 356 v. 28. Dezbr. 1867.

Im Anlasse der öffentlichen Aufforderung der magistratischen Commission für Untersuchung des Kanalsystems in München wird solcher hiemit zur Kenntniss gebracht: dass die übelriechendsten, ja wahrhaft pestilenzischen Dünste im Frühjahre, Sommer und Herbste, besonders Nachts und auf vorangegangenen Regen dem Kanale in der mittlern Dachauerstrasse entsteigen. Am stärksten treten sie in der Nähe der Marienanstalt und bei der Einmündung in die Karlsstrasse hervor. Die nichtkanalisirten Theile der innern und äussern Dachauerstrasse sind von diesem sanitätischen Unheil frei geblieben. Verlässige Sachverständige des Auslandes versichern, dass nur durch Schwemmkanäle, welche das Stagniren des vorhandenen fauligen Unraths in den Kanälen verhindere, gründliche Abhilfe geleistet werden könne.

Beilage XV. Bayerischer Landbote Nr. 221 v. 9. August 1865.

Wieder einige Worte zur Kloakenfrage.

Die seit einiger Zeit beliebt gewordene öffentliche Besprechung des Münchener städtischen Bauwesens und besonders des Zustandes der Wege, der Art der Kanalisirung veranlassen einen erfahrenen Strassen- und Wasserbaumeister, dem das Kanal- und Strassenbauwesen anderwärts jahrelang oblag, in München auch ein Wort mitzusprechen.

Die meisten dieser Abhandlungen sind nur Klagelieder und scheinen selten von Männern des Faches geschrieben zu sein, sonst würden sie nicht immer den Zustand beschreiben, wie er nun leider einmal ist, und alle die begangenen technischen Sünden aufzählen, welche die Väter manch' anderer Stadt nicht minder auf ihrem Gewissen haben, wie in München, sondern würden auch einmal dem grossen Publikum diejenigen Mittel nennen, wodurch den bestehenden Uebeln am besten abzuhelfen, oder den kommenden vorzubeugen wäre.

Von den Strassen wollen wir heute nicht sprechen, denn dieses schmutzige Thema könnte endlich ennuyiren; aber einen weit wichtigeren Gegenstand müssen wir wieder berühren, der den künftigen Gesundheitszustand der Stadt München in Frage stellt, nämlich die Kanalisirung.

Diese Angelegenheit wird hier in öffentlichen Blättern vielfach von Medizinern und Professoren besprochen und nie lassen sich Ingenieure oder Architekten darüber hören, obgleich sie rein bautechnischer Natur ist. Denn dass Strassenkanäle ohne hinreichende Menge fliessenden Wassers auf die Sanitätsverhältnisse einer Stadt höchst ungünstig einwirken, versteht jeder Mensch und es wäre wahrlich sehr traurig, wenn dem Publikum dieses erst Mediziner und Gelehrte constatiren müssten.

Mit vollem Rechte haben sich seit einiger Zeit mehrere Stimmen gegen die begonnene Art der hiesigen Kanalisirung erhoben und die Befürchtung ausgesprochen, dass wegen des geringen Gefälles der Kanäle — vielmehr wegen der geringen Wassermenge in denselben — der Unrath sich immer mehr anhäufen und daher rasch in Verwesung übergehen wird und in Folge dessen die Luft nicht allein in den Strassen, sondern bis hinein in die Wohngebäude und hinauf in die Küchen aller Stockwerke in höchst schädlicher Weise verpestet werden muss, wie wir dieses in den mit neuen Kanälen durchzogenen Strassen in empfindlicher Weise wahrnehmen.

Es wäre den bautechnischen Behörden wirklich zu nahe getreten, wenn man annehmen wollte, dass die Männer vom Fache diesen unheilbringenden Uebelstand nicht viel besser vorausgesehen haben sollten, als ihn jeder Laie nun leicht begreift, und dass München erst durch eigene Erfahrung und Schaden klug werden sollte, während andere Städte, welche in früherer Zeit ein solches Kanalsystem anwendeten wie z. B. Wien, sich dieser furchtbaren Calamität einer vollständigen Stadtverpestung sich nicht mehr erwehren können und daher jetzt zur gänzlichen, nunmehr mit immensen Kosten verbundenen Umänderung des ganzen Kanalnetzes ernstlich ihre Zuflucht zu nehmen genöthiget sind.

Wohl die allerwichtigste Aufgabe einer grossen Stadtbevölkerung ist — neben der Zuleitung einer hinlänglichen Menge guten Trinkwassers

— eine gute, zweckentsprechende Kanalisirung, weil von dieser der Gesundheitszustand einer Stadt hauptsächlich abhängt.

Eine solche ist nur möglich, wenn eine hinlängliche Menge frischen Wassers vorhanden oder zugeführt werden kann, und die Terrain-Verhältnisse es gestatten, den Kanälen das erforderliche Gefälle zu geben. In vielen Orten ist die Ausführung einer derartigen Kanalisirung mit grossen Schwierigkeiten verbunden und manchmal geradezu unmöglich.

Wenige grosse Städte sind von Natur für die Anlage eines guten Kanalsystems so ausserordentlich begünstiget, als die Metropole Bayerns. Wasserreichthum und Gefälle ist hier in grossem Masse vorhanden und die Zuleitung des Wassers wegen der kleinen Entfernung desselben in Anbetracht der hohen Wichtigkeit der Sache mit sehr gering zu nennenden Kosten verbunden.

Das Isarthal, welches der Gebirgsfluss in den Jahrtausenden bildete und in dessen Mitte die Stadt München liegt, hat dasselbe Gefälle, wie der Fluss selbst und dieses ist, wie bei allen Bergströmen, in der Nähe des Gebirges noch ein sehr bedeutendes. Die Thalsohle neigt sich im Querschnitt, wie gewöhnlich, auch hier nach dem Flusse, und da sich derselbe sein letztes Rinnsal längs der rechtseitigen Thalwand gegraben, so hat die ganze linkseitige Thalsohle, auf der die Stadt sich ausbreitet, nebst dem Gefälle nach der Richtung des Flusses noch ein starkes Gefälle von dem linkseitigen Abhang längs der Theresienwiese u. s. f. nach dem Flusse.

Diese Terrainbeschaffenheit ist für die Anlage des Kanalnetzes in München eine so ausserordentlich günstige, dass zu diesem Zwecke ein geeigneteres Terrain nicht gewünscht werden kann.

Nachdem nun die Mehrzahl der neuen Strassen Münchens in der Richtung von Westen nach Osten gezogen sind, während die anderen in der Richtung des Isarlaufes, also von Süden gegen Norden gehen, so haben die ersteren, z. B. die Landwehr-, Schwanthaler-, Bayer-, Karls-, Brienner-, Gabelsberger- und Theresienstrasse etc. ihr Gefälle von Westen nach Osten, nämlich **gegen** die Isar und die nach Norden gehenden das absolute Gefälle der Thalsohle.

Der Hauptkanal, in dem die Gesammtwassermasse der Stadt zugeführt wird, muss sich also in der höchsten Lage der Thalsohle, d. i. am Fusse des **westlichen** Abhanges, nämlich bei Thalkirchen, Untersendling, der Theresienwiese, längs der Herbststrasse und am Fusse des Abhanges an der Turnschule u. s. w. hinziehen, ähnlich wie von unseren Vorfahren der alte Mühlbach längs des **östlichen** Abhanges von Harlaching durch die Au angelegt worden ist.

Aus dem an der westlichen Grenze der Isarthalsohle nun anzulegenden Hauptkanal, welcher sein Wasser aus der Isar oberhalb Maria-Einsiedel zu bekommen hätte, würden die Zweigkanäle der Sendlingerlandstrasse entlang, dann durch die Findling-, Schwanthaler- und Bayerstrasse, durch die Salz-, oder Mars- und Karlsstrasse, sowie durch die Brienner-, Gabelsberger-, Theresien- und Schellingstrasse etc. geführt werden, welche dann mittelst Querkanälen durch die von Süden gegen Norden ziehenden Strassen, wie z. B. die Schiller- und Sonnen-, Augusten-, Louisen-, Arcis-, Barer- und Türkenstrasse etc. miteinander verbunden würden, wodurch ein vollständiges und wasserreiches Kanalnetz entstünde, in welchem eine kontinuirliche und starke Wasserströmung stattfände. *)

In diese Kanäle dürfte nicht nur das Regen- und Brunnen-, sondern müsste das Ausguss- und Abtritt-Ueberwasser wo immer möglich eingeleitet werden, um die ungeheuren Kosten für das der Gesundheit höchst nachtheilige ofte Räumen der Versitz- und Abtrittgruben in der ganzen Stadt auf ein Minimum zu reduziren. **)

Gegen den Vorschlag, die Isar oberhalb Maria-Einsiedel anzustechen, dürfte mir die Einwendung gemacht werden, dass die Wassermenge dieses Flusses im Winter ohnehin kaum ausreicht, alle an den Stadtbächen liegenden Mühlen etc. etc. zu befriedigen und daher aus demselben zu andern, weiteren Zwecken kein Wasser abgeleitet werden dürfe.

In Anbetracht einer so hochwichtigen Angelegenheit wie die Kanalisirung einer Stadt von 150,000 Einwohnern wäre eine solche Einwendung unbedingt zu verwerfen. Man entschädige die wirklich Benachtheiligten, oder löse solche Gewerke ab, was nichts so Ungeheures ist, und verkaufe oder verpachte dafür die neu zu schaffenden Wasserkräfte am Kanale auf dem Wege von Maria-Einsiedel bis nach München an industrielle Etablissements.

Sollte man übrigens aus andern mir unbekannten Gründen die nahe Isar für die Kanalisirung gar nicht benützen wollen, so kann die Stadt München in fraglicher Angelegenheit noch immer nicht in Verlegenheit kommen und ehe man zu so kleinlichen und dennoch höchst kostspieligen Wasserkünsteleien, wie Wasserhebvorrichtungen mittels Dampf etc. etc. behufs der (sehr mangelhaften) Durchspülung der Kanäle seine Zuflucht nimmt, sehe man sich weiter nm eine hinlänglich grosse Wassermasse um und rede doch um Himmelswillen nicht von einer so lächerlich klei-

---

*) Dass die nun bereits hergestellten Kanäle mit ihrem jetzigen Gefälle dazu nicht taugen würden, ist erklärlich.
**) Wegen Verlust des Abtrittdüngers weiter unten.

nen Wassermenge, welche ein Reservoir bei Thalkirchen, oder gar, wie es in einem Blatte hiess, eine Dampfmaschine im botanischen Garten zu liefern im Stande wäre. Solange nicht eine bedeutende Wassermasse zugeführt werden kann, ist jede Hoffnung auf eine vollständige Durchspülung der Kanäle aufzugeben. Ein zeitweises Durchspülen — mag die Wassermenge momentan auch eine grosse sein —, wird dem Zwecke nicht entsprechen, weil sich in der Zwischenzeit die festen und schweren Körper mit dem Kanalschlamme, besonders jener zähen Masse aus den Ausgüssen, so fest mit einander verbinden und anhäufen, dass der darauffolgende Wasserstrom nicht mehr im Stande ist, dieses elastische Conglomerat aufzulockern und mit sich fortzuführen, wie ich mich vielfach überzeugt habe. Bei continuirlich strömendem Wasser ist dem Unrathe nicht Zeit gelassen, sich abzulagern und anzuhäufen. Jedes Theilchen, welches in den Kanal gelangt, wird von dem Strome sogleich mitfortgerissen.

Der nahe Würmfluss — wenn derselbe mit seiner geringen Wassermenge, ohne Rücksicht auf die daran liegenden Mühlen etc., nach München geleitet werden wollte, würde allein nicht hinreichen, alle Kanäle mit der nöthigen Wassermenge zu speisen, und man wird daher für Ablösung der dortigen Wasserberechtigten sich keine grossen Unkosten machen wollen.

Die mir bekannten Barometer-Höhenmessungen, so sehr sie auch von einander abweichen, zeigen uns, dass der Ammersee höher als die Stadt München liegt und die Möglichkeit wäre daher vorhanden, den aus demselben kommenden, ziemlich bedeutenden Ammerfluss grossentheils für die Metropole Bayerns zu benützen.

Man erschrecke doch ja nicht über einen solchen Vorschlag, denn was sind die Baukosten eines Kanales von 4—5 Meilen Länge in Anbetracht eines so wichtigen Zweckes, der damit erreicht wird.

Welche anderweitigen Vortheile und Nebenzwecke mit der Führung eines Kanales von der Ammer nach München, in welche auf ihrem Wege noch verschiedene andere kleinere Wässer ganz oder theilweise eingeleitet werden könnten, erreicht würden, ist jedem Sachverständigen klar, und darüber sowie über die Linie und Baukosten wird später nach aufgenommenem Nivellement Ausführlicheres mitgetheilt werden.

Auf Eines aber möchte ich im Voraus schon aufmerksam machen, nämlich, dass die Ausführung eines Kanales mit hinreichender Wassermenge sogar eine ganz rentable Privat-Unternehmung werden könnte, wenn man — abgesehen von anderen nicht unbedeutenden Erträgnissen, wie z. B. Verkauf oder Vermiethung der Wasserkräfte auf dem Wege nach München etc., worüber später gesprochen wird — den Unternehmern nur gestattet würde, von allen den Hausbesitzern der Stadt, welche ihren dünnflüssigen Kloakeninhalt in die nun reich mit Wasser gefüllten Stadtkanäle leiten, etwa nur ⅕ des jetzt für oftmalige Räumung der Abtrittgruben jährlich aufgehenden Kostenbetrages einzuheben.

Dieser Vortheil für die Hausbesitzer wäre nicht allein in pekuniärer Beziehung ein namhafter, sondern in Hinsicht auf die Sanitätsverhältnisse ein unberechenbarer, weil dadurch das Verpesten der Luft durch das Räumen der Abtrittgruben wohl um das zehnfache vermindert würde. So lange in den Kanälen nicht eine solche Menge Wasser strömt, dass unbeschadet der Gesundheit der Stadtbevölkerung der dünnflüssige Abtrittgrubeninhalt in dieselben eingeleitet werden kann, so lange ist einer Stadt mit Kanälen nicht halb gedient.

Der Landwirthschaft geht dadurch wenig Nützliches verloren, da es sich bei den theuern Arbeitslöhnen und Fuhrwerken in München nicht lohnt, das Abtrittgrubenwasser den weit entlegenen Wiesen und Feldern zuzuführen. Und darüber spreche man mir in München überhaupt nur gar nicht; denn hier findet sich nur höchst selten ein Landmann, der den schweren (viel weniger den flüssigen) für die Landwirthschaft allerdings werthvollen Kloaken-Inhalt unentgeltlich abführt, während in anderen Städten der Bauer dafür, dass er eine Abtrittgrube räumen darf, per Jahr 20—30 fl. dem Hausbesitzer bezahlt. Für das Räumen einer nach neuer Baupolizeivorschrift hergestellten mittelmässig grossen Abtrittgrube bezahlt man in München jetzt, wie ich aus eigener Erfahrung weiss, durchschnittlich per Jahr 30 fl.

München hat auf dem linkseitigen Isarufer circa 5000 Häuser, somit gibt dieser Theil der Stadt für das Räumen der Kloaken, gering gerechnet, jährlich eine Summe von 150,000 fl. aus. Wenn ein Hausbesitzer für das Einleiten seines Kloakeninhaltes in den Stadtkanal per Jahr durchschnittlich statt 30 fl. nur 20 fl. bezahlt und nur ⅕ der Häuser davon Gebrauch machen können, so repräsentirt die Summe dieser Beträge von 60,000 fl. bei 5% ein Kapital von 1,600,000 fl. — eine Summe, welche gewiss gross genug ist, eine bedeutende Masse Wasser von einer ziemlichen Entfernung zuzuleiten.

Beilage XVI.

Mathildenstrasse Nr. 3 ist die Oeffnung vom Kanal in der Mitte des Hauses; aus demselben kommt ein ungeheurer Geruch.

III. Protokoll.
Sitzung am 18. Januar 1868.

Die unten genannten Herren versammelten sich Nachmittags 2 Uhr im Vorplatze der kgl. polytechnischen Schule an der Damenstiftsgasse und theilte hier Herr Professor Feichtinger denselben mit, dass noch eine anonyme 16te Klage über aus dem Kanale aufsteigenden üblen Geruch in der Mathildenstrasse Hs.-Nr. 3 eingelaufen sei.

Die Versammelten begannen hiernach ihren Rundgang und begaben sich hienach zuerst zu

1) Hs.-Nr. 6, Damenstiftsgasse.

Der Kläger, der kgl. Appellgerichts-Assessor N. N., war ohngeachtet der ergangenen Einladung nicht zu Hause geblieben.

Die Commission wandte sich daher an den Hausbesitzer Kaufmann N. N., welcher erklärte, dass seit der Kanalisirung der Strasse der Zustand derselben sich wesentlich gebessert habe, und er von aus dem Kanale aufsteigenden Gerüchen nur im Sommer hie und da solche wahrgenommen, welche jedoch von eingeschüttetem Abtritt-Odel oder Urin herrührten. — Er glaubt, dass auch irgendwo in dieser Strasse eine Abtritteinleitung in den Kanal bestehe.

2) Hs.-Nr. 17, Josephspitalgasse.

Der Kläger Rechtspraktikant N. N. gibt an, dass der Geruch aus dem Kanale sogleich nach dessen Bau im Jahre 1865 sehr arg gewesen; derselbe jedoch seit letztem Jahre aus ihm unbekannten Gründen abgenommen habe.

Der Pumpbrunnen am Ecke der Josephspital- und Damenstiftsgasse liefere ganz schlechtes Wasser.

Die Commission überzeugte sich von der Richtigkeit der in letzter Beziehung gemachten Angabe; ohne jedoch über die Ursachen der Verschlechterung sich vorerst aussprechen zu können.*)

3) Hs.-Nr. 3, Mathildenstrasse.

Diese anonyme Anzeige rührte vom Hausbesitzer Schreinermeister N. N. her, welcher hiezu vom Bewohner des Erdgeschosses oben genannten Hauses Professor N. N. aufgefodert wurde.

N. N. klagt über aufsteigende üble Gerüche aus den Kanalgittern, Hausbesitzer N. N. glaubt, dass die 2 Abtrittgruben seines Nachbarn Professor N. N. mit dem Kanale in Verbindung gesetzt seien.

Die Commission konnte zur Zeit vom Geruche nichts wahrnehmen.

4) Hs.-Nr. 9, Landwehrstrasse.

Hausbesitzer Nadler N. N. klagt nicht über permanente üble Gerüche,

---

*) Damenstifts- und Josephsspitalgasse gehören nicht zum Sielsystem.

welche aus den Kanälen entsteigen, bemerkt aber, wie er auch in seiner Klageschrift angegeben, dass solche zuweilen vorkommen, und dass hieran Einleitungen oder Einschüttungen aus Abtrittgruben Schuld tragen, und empfiehlt daher strenges Einschreiten gegen derlei Missbräuche.

5) Hs.-Nr. 8, Schillerstrasse.

Hausbesitzer N. N. klagt über aufsteigende üble Gerüche aus dem vor seinem Hause liegenden Kanalgitter.

Die Commission überzeugte sich sofort bei ihrer Ankunft von einem sehr penetranten Geruche, welcher dem Gitter entströmte, wogegen sie weiter ab- und aufwärts nichts mehr von solchem wahrnehmen konnte.

Auch bei dem zunächst liegenden geöffneten Kanaleinsteigschachte entströmte starker Abtrittgeruch. Der Kanal zeigte sich jedoch hier in der Sohle rein, mit circa 3 Zoll hohem fliessendem Wasser versehen.

Die Commission begab sich hienach in den Hof des Hs.-Nr. 8, in dessen Mitte sich, ohngeachtet der Kanalisirung, noch eine Versitzgrube befindet, und steht die Vermuthung nahe, dass hier eine Verbindung der Abtrittgrube mit dem Kanale besteht.

6) Hs.-Nr. 51, Bayerstrasse.

Der klagende N. N. giebt an, dass im Sommer 1866 aus dem Siele aufsteigende üble Gerüche stark bemerkbar gewesen waren, was jedoch im Laufe des Jahres 1867 viel weniger der Fall war. Er glaubt, dass der in der Bayerstrasse reichlich erzeugte Pferdemist in die Kanäle komme und hier in Fäulniss übergehe.

Die ihm hienach gezeigte Construktion der Einfallschachte mit Schlammkästen und die Eröffnung eines Einsteigschachtes im Kanale selbst, überzeugte ihn von der Unrichtigkeit seiner Annahme.

Für den Fall, dass künftig wieder üble Gerüche aus dem Kanale wahrgenommen werden sollten, wurde Herr N. N. von einem Commissionsmitglied aufgefodert, sofort davon geeignete Anzeige zu machen.

Hausbesitzer Metzger N. N. bemerkt, dass er durchaus keine Klage über die Kanalisirung habe, was auch hier umsomehr unwahrscheinlich sei, als sich vor Hs.-Nr. 51 ein Reservoir befindet.

7) Hs.-Nr. 41, Dachauerstrasse (Marienanstalt).

Die Commission glaubt, dass der Verfasser des ihr unter Einlauf Nr. XIV zugesandten Artikel im bayer. Kurier vom 25. Dezbr. 1867 vom Präses dieser Anstalt, Herrn N. N., herrühre.

Herr N. N. stellt diess entschieden in Abrede, und bemerkt, dass er keinen Grund zur Klage über aus den Kanälen aufsteigende üble Gerüche habe.

Die Commission liess hienach den Kanalschachtdeckel bei der Reservoirschleuse am Stiglmaierplatze öffnen und fand hier das Reservoir vollkommen mit Wasser gefüllt und den Kanal ohne Geruch. Die Schleuse wurde hienach geöffnet, wodurch ca. 1 Minute lang, eine starke Wassermasse abfloss.

8) Hs.-Nr. 44, Schleissheimerstrasse.

Die kgl. Assessorswittwe N. N. zeigt das Wasser des in ihrem Hofe stehenden Pumpbrunnen vor, welches leicht opalisirt. Sie glaubt, dass die Abtrittgrube vom Hs.-Nr. 39 der Dachauerstrasse mit dem Kanale in Verbindung sei, und durch schlechte Ausführung dieses Seitenkanales ihr Pumpbrunnen verdorben wurde.

Die Commission bemerkt, dass auch ihre Abtrittgrube in grosser Nähe des Pumpbrunnen liegt.

Weiters wurde noch bemerkt, dass die am Ecke der Schleissheimer- und äussern Dachauerstrasse nächst Hs.-Nr. 39 gelegene Spülschleuse in einer Höhe angelegt ist, dass der Abfluss aus den nächst gelegenen Häusern so lange, etwas beeinträchtigt erscheint, als die Spülschleuse geschlossen ist.

9) Hs.-Nr. 31, Arcisstrasse.

Haus- und Gutsbesitzer N. N. wünscht nur eine Verlegung des unmittelbar vor seiner Hauseingangsthüre liegenden Kanalgitters, weil diess für die Eintretenden und anfahrenden Chaisen sehr unangenehm sei.

Er bemerkt, dass der Geruch aus den Kanälen seit einem Jahre bedeutend nachgelassen habe, und giebt als Ursache hiefür an, es komme diess wohl daher, dass das Waichwasser der Bräuer nicht mehr in den Kanal gelassen werde.

10) Hs.-Nr. 1ª, Karlstrasse.

Hausbesitzer Architekt N. N. ist verreist und giebt dessen Hausmeister an, dass er weder selbst von aufsteigenden üblen Gerüchen aus den das Gebäude umziehenden Kanälen etwas wahrgenommen, noch etwas derartiges von den zahlreichen Bewohnern seiner Häuser vernommen habe.

Der aus dem Hofe dieses Gebäudecomplexes erbaute Seitenkanal hat überdiess im Hauptkanale eine Verschlussklappe.

Die Commission bemerkte in Mitte des Hofes, ohngeachtet der Kanalisirung ringsum des Gebäudes, welche die von Herrn Architekten N. N. in seiner Klage-Zuschrift bemerkten 4 todten Kanalende nicht bewahrheitet, noch den Bestand einer grossen Versitzgrube, von etwa 6 Fuss Tiefe.

11) Hs.-Nr. 8, Luitpoldstrasse.
Die Commission bemerkte beim Durchgehen dieser Strasse nächst dem Anwesen des Metzgermeisters N. N. Nr. 4 Luitpoldstrasse einen aus der nächstgelegenen Kanalöffnung aufsteigenden höchst üblen Geruch. Herr Cultur-Ingenieur N. N. klagt über zeitenweise sehr üble Gerüche aus dem Kanale dieser Strasse und beantragt eine wasserdichte Isolirung der Hauptkanäle.

Baurath Zenetti giebt bekannt, dass es beabsichtigt sei, den Kanal dieser Strasse nunmehr durch entsprechende Unterfangung in das Sielsystem zu ziehen; was nunmehr erst möglich geworden, und am Ende der Luitpoldstrasse gegen die Bayerstrasse eine Reservoirschleuse anzulegen, wodurch dem in dieser Strasse noch bestehenden Missstand abgeholfen werde.

Beim Weggehen bemerkte die Commission nächst des Einfahrtsthores des Hs.-Nr. 16 Schützenstrasse gegen die Luitpoldstrasse einen sehr starken Geruch. Es zeigte sich, dass dieser aus dem kleinen Hofe dieses Anwesens kam, welcher höchst unreinlich ist, die Abtrittgruben mit schlechter Deckung enthält, und dazu noch theilweise mit Glas überdeckt ist, so dass die in demselben aufsteigenden Dünste durch die Einfahrt nach der Strasse zu ziehen.

Auseinandergehen der Commission Nachmittags 5 Uhr.

Dr. Frank. Dr. v. Pettenkofer. Dr. H. Ranke. Dr. Feichtinger.

Zenetti, als Schriftführer.

IV. Protokoll.

Sitzung am 25. Januar 1868.

Herr Professor Dr. Ranke beantragt nunmehr eine Messung der Wassermenge vorzunehmen, welche zu verschiedenen Zeiten am Ende des Sielnetzes an der Wiesenstrasse ausströmt; diese Messung soll nicht allein bei geschlossenen, sondern auch bei geöffneten Stauschleusen, dann bei trockenem und nassem Wetter, durch einen unparteiischen Sachverständigen vorgenommen werden.

Hr. Professor Dr. Feichtinger übernimmt diese Messungen einzuleiten. — Weiters erbietet sich derselbe das aus dem Kanale fliessende Wasser zu verschiedenen Zeiten zu analysiren, und in Bezug auf sein spezifisches Gewicht den Gehalt an festen Bestandtheilen genau zu prüfen.

Die von Hrn. Professor Dr. v. Pettenkofer schon früher beantragte Aufgrabung neben den Sielen soll bis zum Eintritt wärmerer Tage verschoben, sodann jedoch an mehreren Stellen vorgenommen werden, um die Wasserdichtigkeit des Systems zu prüfen.

Demnächst soll ferner eine Begehung des Sielnetzes vorgenommen werden, und diese in wärmerer Jahreszeit seine Wiederholung finden.

Endlich soll auch von sämmtlichen Reservoirs des Sielsystems genaue Einsicht genommen werden.

Schliesslich kömmt zu bemerken, dass Herr Professor Dr. v. Pettenkofer, dann Herr Bezirksarzt Dr. Frank zur heutigen Sitzung nicht erschienen waren, und erstgenannter Herr vorher seine Verhinderung mitgetheilt hatte.

Dr. Feichtinger. Dr. H. Ranke.

Zenetti, als Schriftführer.

V. Protokoll.
Sitzung am 29. Februar 1868.

Den durch Einladung vom 26. Februar d. J. erschienenen Herrn Commissionsmitgliedern theilt Herr Professor Feichtinger das Resultat der mittlerweile von ihm mit Herrn Frauenholz am Sielende gemachten Wassermessungen mit, welches in der Beilage I näher entwickelt ist.

Hienach theilt Baurath Zenetti mit, dass die Abänderung des Kanales in der Luitpoldstrasse, resp. die Verbindung desselben mit dem Siele, die Abänderung des Gefälles und die Herstellung einer Reservoirschleuse bereits vollendet, und ebenso das Kanalgitter beim Hs.-Nr. 31 an der Arcisstrasse, dem Herrn N. N. gehörig, versetzt sei.

Behufs genauer Prüfung des dem Kanal entströmenden Wassers wird beschlossen, während eines ganzen Tages und einer ganzen Nacht jede Viertelstunde eine Mass der Flüssigkeit aus dem Kanale in ein Fass zu schöpfen. Diese in 2 Fässern gesammelte Flüssigkeit soll Herrn Professor Feichtinger zur Untersuchung zugestellt werden.

Im Laufe der künftigen Woche soll ferner an 3 Punkten und zwar:
1) in der äussern Dachauerstrasse,
2) in der Karlstrasse nächst des Thiersch Anwesens,
3) in der Schellingstrasse,

ein Schacht bis zur Kanalsohle neben demselben getrieben werden, wobei sich die Commission von der Wasserdichtigkeit der Wandungen überzeugen will.

Zu dieser Untersuchung wird, falls nicht an diesem Tage Regenwetter eintritt, Donnerstag der 5. März, Nachmittags 4¼ Uhr festgestellt.

Schliesslich beantragt Herr Professor Dr. Ranke, es möchte ein Apparat construirt werden, welcher an den Kanal-Einmündungsröhren der verschiedenen Anwesen angebracht, constatirt, ob innerhalb einer gewissen Zeit Flüssigkeiten eingeschüttet wurden, deren Einleitung in die Kanäle verboten ist.

Die einzelnen Commissionsmitglieder werden über die nähern Details solcher Apparate sich nach reiflicherer Ueberlegung dieser Sache schlüssig machen.

Dr. Frank. Dr. v. Pettenkofer. Dr. Feichtinger. Dr. H. Ranke.

Zenetti, als Schriftführer.

Beilage I.

Wassermessungen in den neuen Münchener Strassenkanälen.

Auf Veranlassung der mit Untersuchung des Zustandes und der Wirkungsweise der neuen Münchener Strassenkanäle betrauten Commission wurden am 24. und 25. Februar lauf. Jahres von dem Unterzeichneten Messungen zur Bestimmung der abfliessenden Wassermengen an der Ausmündung dieser Kanäle vorgenommen.

Im Einvernehmen mit Herrn Professor Dr. Feichtinger wurden die Messungen in der Weise angestellt, dass hieraus

1) die ganze, unter den gewöhnlichen Verhältnissen pro Secunde zufliessende und abgeleitete Wassermenge gefunden werden konnte; zu diesem Behufe wurden sämmtliche Stauschleusen in den Kanälen mehrere Stunden vor Beginn der Messungen geöffnet; dass

2) dasjenige Wasserquantum zu bestimmen war, welches zur Speisung der einzelnen Spülbassins dient, und somit auch

3) jene Wassermenge, welche, ohne in ein Bassin zu fliessen, in den Kanälen abgeführt wird.

Letztere Wassermenge wurde gemessen, nachdem einige Stunden vorher sämmtliche Stauschleusen geschlossen waren. Aus den Spülbassins konnte somit nur bei undichtem Verschlusse der Schleusen Wasser zugeleitet werden.

An den beiden zu den Messungen verwendeten Tagen wurde die abfliessende Wassermenge durch atmosphärische Niederschläge nicht vermehrt; die vorausgehenden Witterungsverhältnisse berechtigten zu der

Annahme, dass die Wasserstandsverhältnisse der gewöhnlichen Wasserführung entsprechen.

Da die örtlichen Verhältnisse eine sichere, direkte Messung der Geschwindigkeit des Wassers nicht zuliessen, so wurde die Bestimmung der Wassermenge in der Weise durchgeführt, dass durch Einsetzen einer hölzernen, an ihrer Umfassung genau an das innere Kanalprofil anschliessenden Chablone das Wasser aufgestaut und durch einen trapezförmigen Einschnitt in der Chablone abgeleitet wurde.

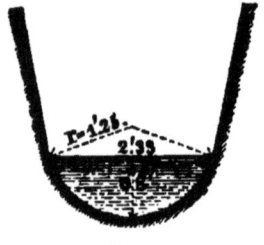

Fig. 1.

Das Kanalquerprofil, soweit es in Frage kommt, hat nebenstehende Form. (Fig. 1.) Der eingetragene Wasserstand von 0.8 Fuss entspricht der ersten Messung, bei welcher sämmtliche Schleusen, wie oben angegeben, geöffnet waren.

Bei der zweiten Messung, bei der alle Schleusen geschlossen waren, betrug die Wassertiefe in der Mitte des Kanalprofiles 0.51 Fuss. (Fig. 2.)

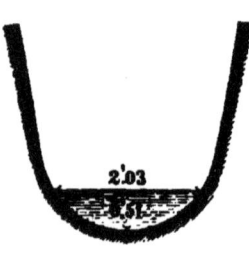

Fig. 2

Der Sammelkanal, in welchen die Zweigkanäle eingeleitet sind und an dessen Ausmündung in der Nähe der kgl. Centralthierarzneischule die fraglichen Messungen gemacht wurden, hat ein starkes Gefälle. Um nun genaue Resultate zu erhalten, wurde der Aufstau des Wassers durch die eingesetzte Chablone, als Stauvorrichtung, soweit getrieben, als diess die Handhabung der Chablone gestattete.

Nachdem diese Chablone eingebracht und ein Beharrungszustand nach Verfluss einiger Zeit eingetreten war, wurden die Wasserstände über der Sohle ab (Fig. 3) mehrmals gemessen und folgende Masze erhalten:

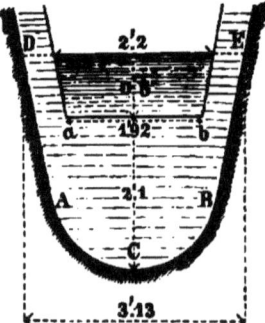

Fig. 3.

Für die erste Messung (Fig. 3) war die Sohle des Wehres 1'.92, die obere Breite des überstürzenden Wassers 2'.2, die Wasserstandshöhe 0.8 Fuss.

Die Wehrsohle lag 2.1 Fuss über der Mitte der Kanalsohle.

Bei der zweiten Messung blieb die Sohle

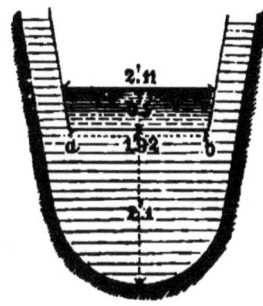

Fig. 4.

ab (Fig. 4) und die Höhe derselben über der Mitte der Kanalsohle unverändert, die obere Breite des überstürzenden Wassers betrug 2'.11, die Wasserstandshöhe 0.5 Fuss.

Auf Grund dieser Messungen berechnen sich die Wassermengen in nachstehend angegebener Weise:

1. **Berechnung der abfliessenden Wassermenge, wenn sämmtliche Schleusen geöffnet sind.**

Benützt man unter vorläufiger Vernachlässigung der vor dem Wehre stattfindenden Geschwindigkeit des Wassers die Formel

$$m = \frac{2}{3} a b h \sqrt{h}, \text{ worin}$$

m die gesuchte Wassermenge

$a = \mu \sqrt{2g}$, μ den Contraktionscoefficienten für ein Wehr ohne Flügel, g die Beschleunigung der Schwere und somit $a = 5.1$, wenn Alles im bayerischen Masze genommen wird,

b die Breite des Wehres,

h die Höhe des gestauten Wassers über dem Wehrrücken bedeutet, so wird

$$m = \frac{2}{3} \times 5.1 \; \frac{2.2 + 1.92}{2} \times 0.8^{\frac{3}{2}}$$

$$= \frac{10.2}{3} \times 2.06 \sqrt{0.512}$$

$$= 3.4 \times 2.06 \times 0.715$$

$$= 5.008^{c'} \; (5{,}008 \text{ Cubikfuss bayer. p. Secunde}).$$

Da der Augenschein ergab, dass die Geschwindigkeit des Wassers vor dem Wehre nicht vernachlässigt werden dürfe, so wird der oben erhaltene Werth für m in folgender Weise verbessert.

Es sei c die vor dem Wehre stattfindende Geschwindigkeit,

F der Wasserquerschnitt vor dem Wehre,

m = 5.008$^{c'}$ die annäherungsweise bestimmte Wassermenge,

so wird $c = \frac{m}{F}$.

Der Querschnitt F setzt sich aus dem Inhalte des Kreisabschnittes

ABC (Fig. 3) und dem Paralleltrapeze ADEB zusammen und ist

$$= \frac{2}{3} \times 2.33 \times 0.8 + \frac{2.33 + 3.13}{2} \times 2.1$$

$$= 1.242 + 5.733 = 6.975 \square'.$$

Es ergibt sich nun $c = \frac{5.008}{6.975} = 0.73$ Fuss per Secunde.

In Folge dieser stattfindenden Geschwindigkeit wird die Geschwindigkeitshöhe h zu klein gefunden um

$$h_1 = \frac{c^2}{a^2} = \frac{0.73^2}{5.1^2}$$

$$= 0.0205.$$

Statt der gemessenen Höhe von $0'.8$ ist sonach in die Rechnung einzuführen: $h' = h + h_1 = 0.8 + 0.02$,
und es wird die Wassermenge mit Berücksichtigung der vor dem Wehre stattfindenden Geschwindigkeit gefunden aus

$$m = \frac{2}{3} \alpha\, b\, h' \sqrt{h'}$$

$$= \frac{2}{3} \times 5.1 \times 2.06 \times 0.82^{\frac{3}{2}}$$

$$= 5.1969 \text{c}',$$

oder $m = 5.2$ Cubikfuss per Secunde.

Uebereinstimmend mit diesem Resultate findet man die Wassermenge aus der Formel:

$$m = \frac{2}{3} \alpha\, b\, (s - w)^{\frac{3}{2}} \left[1 + \left(\frac{2\,b\,(s-w)}{3\,B\,(w+h)}\right)^2\right]^{\frac{1}{2}}, \text{ worin}$$

α und b die frühere Bedeutung haben.
$s - w = h = 0'.8$,
$w + h = $ der mittleren Tiefe vor dem Wehre

$$= \frac{F}{B} = \frac{6.975}{3.13} = 2.23,$$

B = der oberen Breite des Wasserquerschnittes vor dem Wehre ist, nemlich:

$$m = \frac{2}{3} \times 5.1 \times 2.06 \times 0.8^{\frac{3}{2}} \left[1 + \left(\frac{4.12 \times 0.8}{9.39 \times 2.23}\right)^2\right]^{\frac{1}{2}}$$

$$= 5.008\, [1.02465]^{\frac{1}{2}}$$

$$= 5.19329\text{c}',$$

oder wie vorhin: **m = 5.2 Cubikfuss per Secunde.**

2. Berechnung der abfliessenden Wassermenge, wenn sämmtliche Schleusen geschlossen sind.

Bei Durchführung dieser Rechnung kann, wie schon der Augenschein ergab, die äusserst geringe Geschwindigkeit des aufgestauten Wassers vernachlässigt werden, und diess um so mehr, da in Folge undichten Abschlusses der einzelnen Bassins jedenfalls grössere Abweichungen sich ergeben.

Die Wassermenge wird desshalb mit hinreichender Genauigkeit erhalten aus der Formel:

$$m = \frac{2}{3} \alpha b h \sqrt{h}, \text{ worin}$$

$$\alpha = 5.1$$

$$b = \frac{2.11 + 1.92}{2} = 2.015$$

$$h = 0.5$$

$h\sqrt{h} = 0.355$ ist; somit

$$m = \frac{2}{3} \times 5.1 \times 2.015 \times 0.355$$

$$= 3.4 \times 2.015 \times 0.355$$

m = 2.43 Cubikfuss per Secunde.

Diejenige Wassermenge, welche unter gewöhnlichen Wasserstandsverhältnissen in die einzelnen Spülbassins zufliesst, ergibt sich als Differenz der beiden gemessenen, nemlich = **5.2 — 2.43 = 2.77 Cubikfuss per Secunde.**

Die am Anfange aufgestellten 3 Fragen sind nun dahin zu beantworten:

1) die **ganze**, unter gewöhnlichen Verhältnissen den Spülbassins zugeleitete Wassermenge **inclusive** der aus anderen Quellen zufliessenden Wassermasse beträgt
   5.2 Cubikfuss per Secunde;

2) **ohne diese letzteren Zuflüsse** werden die Bassins durch **2.77 Cubikfuss per Secunde Wasser gespeisst;**

3) die nicht in die Bassins gelangende, einen Theil der Kanäle bespülende Wassermenge beträgt
   2.43 Cubikfuss per Secunde.

Zum Schlusse sei bezüglich des verwendeten Coefficienten α noch bemerkt, dass die Wanddicke der Chablone an Stelle des trapezförmigen Ausschnittes über 2 Zolle betrug; und ferner, dass die Wasserstandsböhen h unter entsprechender Berücksichtigung der Einsenkung über dem Wehrrücken bestimmt wurden.

München, den 2. Juni 1868.

Frauenholz, Ingenieur.

Beilage II.

Untersuchung des Kanalwassers.

In der Sitzung vom 29. Februar 1868 wurde von der Commission der Beschluss gefasst, das an der Ausmündung der Kanäle unterhalb der Veterinärschule in den Bach fliessende Kanalwasser auf seinen Gehalt an gelösten und suspendirten Stoffen zu untersuchen. Ferners wurde, um eine durchschnittliche Zusammensetzung des Kanalwassers zu erhalten und um zu ersehen, ob letzteres bei Tag und Nacht in der Zusammensetzung nicht verschieden sei, beschlossen: Es soll an einem bestimmten Tage während 24 Stunden alle ¼ Stund 1 Mass bayer. des ausfliessenden Kanalwassers geschöpft und in ein Fass gegossen werden, und zwar sei das von Morgens 6 Uhr bis Abends 6 Uhr alle ¼ Stund geschöpfte Wasser in einem Fasse, und das von Abends 6 Uhr bis Morgens 6 Uhr jede ¼ Stund geschöpfte in einem zweiten Fasse zu sammeln. Herr Stadtbaurath Zenetti hatte die Ausführung desselben übernommen, und es wurde in der angegebenen Weise Kanalwasser von Dienstag den 3. März Morgens 6 Uhr bis Mittwoch den 4. März Morgens 6 Uhr in 2 Fässer gesammelt. Ich bemerke hier, dass es während der ganzen Zeit, innerhalb welcher das Kanalwasser an dem Ausflusse unterhalb der Veterinärschule gesammelt wurde und, auch mehrere Tage vorher, nicht regnete. Beide Fässer wurden Mittwoch den 4. März Nachmittags in das chemische Laboratorium der polytechnischen Schule gebracht, wo ich sie in Empfang nahm und auch gleich mit der Untersuchung begann.

Beide Fässer waren ganz neu, und das eine mit bei Tag gefüllt, das andere mit bei Nacht gefüllt bezeichnet. Ich werde in der Folge der Kürze wegen dasjenige ¦Kanalwasser, welches von Morgens 6 Uhr bis Abends 6 Uhr gesammelt wurde, als Tagwasser, und das von Abends 6 Uhr bis Morgens 6 Uhr gesammelte als Nachtwasser bezeichnen.

Vor Beginn der Untersuchung hielt ich für nothwendig, die Menge des Inhaltes in beiden Fässern zu bestimmen; es hätte jedes Fass 48 Mass bayer. (51,31 Liter) enthalten sollen; es enthielt aber das bei Tag gefüllte nur 41 Mass bayer. und 10 Unzen (44,119 Liter) und das bei Nacht gefüllte gar nur 35½ Mass bayer. (37,95

Liter); dass die beiden Fässer weniger enthielten als sie eigentlich enthalten sollten, glaube ich nur in einer ungenauen Ausführung des Auftrages suchen zu müssen, denn an beiden Fässern war keine undichte Stelle zu bemerken, auch waren die Spunde in den Fässern fest eingeschlagen und die Fässer auch von aussen ganz trocken.

Das Wasser aus beiden Fässern war trübe von herumschwimmenden feinen Flocken; auch waren in beiden Wassern einige grössere Schmutzmassen zu bemerken, welche letztere sich aber in kurzer Zeit zu Boden setzten, während die feineren Theile auch nach einigen Tagen sich noch nicht abgesetzt hatten. Das Nachtwasser war etwas dunkler gefärbt, es hatte eine bräunlich-gelbe Farbe, während die Farbe des Tagwassers gelblich-grau war. Beide Wasser rochen nicht im mindesten, aber nach Verlauf von 2 Tagen war ein starker fauliger Geruch bemerkbar. Beide Wasser reagirten schwach alkalisch.

A. Bestimmung der gelösten Stoffe.
(Hiezu Tab. I u. II.)

Hiezu wurden von dem filtrirten Tag- und Nachtwasser je 3 Mass zur Trockne eingedampft (beim Eindampfen war zuletzt bei beiden Wassern ein Geruch, ähnlich dem von faulenden Leim, bemerkbar); der trockne Rückstand wurde bei 110° C. im Luftbade noch vollkommen getrocknet und die Menge desselben durch das Gewicht bestimmt. Der trockne Rückstand wurde hierauf zur Trennung der in Wasser wieder löslichen von den in Wasser unlöslich bleibenden Bestandtheilen mit Wasser behandelt, die wässrige Lösung wieder eingedampft, und der dabeibleibende Rückstand wie auch der in Wasser unlöslich bleibende Theil bei 110° C. getrocknet und gewogen; durch den Verlust beim Glühen bestimmte ich hierauf die Menge der organischen und unorganischen Stoffe.

Der trockne Gesammt-Rückstand war bei beiden Wassern dunkelbraun gefärbt; die Lösung, die bei Behandlung des trocknen Rückstandes im Wasser erhalten wurde, war bei beiden Wassern sehr stark braun gefärbt, reagirte sehr stark alkalisch und gab beim Eindampfen auch einen dunkelbraun gefärbten Rückstand; der in Wasser unlöslich bleibende Theil des Gesammt-Rückstandes hatte eine hellere Farbe, er war nur gelblich gefärbt.

Beim Eindampfen der wässrigen Lösung der Wasser-Rückstände war der faulige Geruch nicht bemerkbar, wohl aber beim Trocknen des in Wasser unlöslich bleibenden Theiles. Beim Erhitzen über einer Gasflamme schwärzte sich sowohl der in Wasser lösliche als der darin unlöslich bleibende Theil der Wasserrückstände; auch entwickelten sich hiebei Dämpfe, die beim löslichen Theil sauer, und beim unlöslichen Theil alkalisch reagirten; letztere hatten ganz den Geruch nach verbranntem Horn.

Die anorganischen Bestandtheile der beiden Kanalwasser wurden aus dem geglühten Rückstande auf die gewöhnliche Weise bestimmt.

Zur Bestimmung der Alkalien (Kali und Natron) wurden von dem Tag- und Nachtwasser, je 5 Mass, filtrirt und zur Trockne eingedampft, der trockne Rückstand eingeäschert, dann ausgelaugt und filtrirt; im Filtrate wurde hierauf durch Kalk die Magnesia, durch Chlorbaryum die Schwefelsäure und durch Kochen mit kohlensaurem Ammoniak und freiem Ammoniak der überschüssige Kalk und die Baryterde entfernt, das Filtrat eingedampft und die Ammoniaksalze durch Erhitzung ausgetrieben; was zurückblieb, wurde gewogen, in Wasser gelöst, mit Platinchlorid versetzt, zur Trockne verdampft, und der Rückstand mit Alkohol behandelt. Das unlösliche Chlorkaliumplatinchlorid wurde auf einem Filter gesammelt und gewogen, und daraus die Menge Kali berechnet; diese Menge von der Gesammtmenge der gefundenen Alkalien abgerechnet, ergab die Menge Natron.

Zur Bestimmung von Ammoniak wurden vom Tag- und Nachtwasser, je 12 Mass, mit etwas Schwefelsäure versetzt, beinahe bis zur Trockne verdampft, das Ganze in einen Kolben gespült, mit Kalilauge versetzt, und nach Anfügung einer Gasleitungsröhre der Inhalt des Kolbens erhitzt, und das sich entwickelnde Ammoniak in Salzsäure geleitet; die Salzsäure wurde hierauf mit Platinchlorid versetzt, und aus der Menge Platinsalmiaks die Menge des Ammoniaks berechnet.

(Die Bestimmung des Ammoniaks konnte indess nur beim Tagwasser vollkommen durchgeführt werden, indem bei Entwicklung des Ammoniaks beim eingedampften Nachtwasser durch einen unglücklichen Zufall das Gefäss und damit auch der Inhalt zu Grunde ging; ich bemerkte aber hiebei einen starken Ammoniakgeruch.)

Erwähnt sei hier auch, dass, als ich zum Zwecke der Bestimmung des Ammoniakgehaltes grössere Massen von beiden Wassern, mit Schwefelsäure versetzt, abdampfte, die Wasser einen deutlichen urinösen Geruch entwickelten; derselbe war namentlich beim Nachtwasser sehr stark hervortretend und wurde nicht nur von mir, sondern auch von ganz unbetheiligten Personen, die gerade während des Abdampfens im Laboratorium anwesend waren, bemerkt.

B. Bestimmung der suspendirten Stoffe.
(Hiezu Tab. III u. IV.)

Um die Menge und die Zusammensetzung der in beiden Wassern suspendirt enthaltenen Stoffe zu bestimmen, versuchte ich zuerst, dieselben auf einem Filter zu sammeln, kam aber bald zur Ueberzeugung, dass dieses nicht möglich sei, indem die feinern Theile bald die Poren des Filtrirpapieres verstopften; es wären daher Wochen erforderlich gewesen, um die Gesammt-Wassermenge zu filtriren, und in dieser Zeit hätten sich jedenfalls sowohl die gelösten als die suspendirten organischen Stoffe durch die eintretende Fäulniss verändert.

Ich schlug daher zur Bestimmung der in den Wässern suspendirten Stoffe folgenden Weg ein: Ich filtrirte von beiden Wässern nur soviel, als zur Bestimmung der in Wasser gelösten Stoffe nothwendig war, das Uebrige wurde in hohe Cylindergläser gegossen und blieb darin 24 Stunden ruhig stehen; während dieser Zeit hatten sich die gröbern Theile vollständig abgesetzt und konnten nach Abgiessen der darüber stehenden Flüssigkeit leicht auf einem Filter gesammelt und ausgewaschen werden; von dem Filter wurden dieselben dann in ein Uhrglas gebracht, zuerst im Wasserbade, und dann im Luftbade bei 110° C. getrocknet und gewogen; durch Einäschern wurde hierauf die Menge der organischen und anorganischen Stoffe, und letztere auch noch auf gewöhnliche Weise ihrer Natur nach bestimmt.

Die Menge, sowie die Zusammensetzung der feinen suspendirten Theile, welche sich während 24 Stunden nicht abgesetzt hatten, wurde dadurch gefunden, dass ich 3 Mass von dem **nicht filtrirten** Tag- und Nachtwasser zur Trockne verdampfte, den trocknen Rückstand mit Wasser behandelte, und den in Wasser unlöslich bleibenden Theil des Rückstandes bei 110° C. im Luftbade trocknete und seine Menge und seine chemische Zusammensetzung ermittelte. Aus der Differenz mit der Menge und Zusammensetzung des in Wasser unlöslich bleibenden Theiles der Rückstände der filtrirten Wasser wurde hierauf die Menge und die Zusammensetzung der feinen suspendirten Theile in beiden Wassern berechnet.

Der gröbere Schlamm war bei beiden Wassern im feuchten Zustande eine schleimige, schwarze und im getrockneten Zustande eine grauschwarze Masse, welche beim Erhitzen über einer Gasflamme Dämpfe mit einem Geruche nach verbranntem Horn und mit stark alkalischer Reaktion, entwickelten.

Tabelle V und VI enthalten eine Zusammenstellung über die Menge der gelösten und suspendirten, organischen und unorganischen Stoffe, welche in einer Minute und in einer Stunde von dem aus dem Kanale unterhalb der Veterinärschule ausfliessenden Wasser weggeführt wurden.

Ich habe bei diesen Berechnungen diejenige Wassermenge zu Grunde gelegt, welche Herr Professor Frauenholz bei den Messungen über die Quantität des an der Ausmündung der Kanäle unterhalb der Veterinärschule ausfliessenden Kanalwassers bei offenen Schleusen gefunden hat, wornach dieselbe per Minute 7176 Mass bayer. oder 7671 Liter beträgt, und zwar aus dem Grunde, weil, wenn auch die Schleusen hie und da geschlossen sind, dieselben sich in sehr kurzer Zeit füllen, und dann im gefüllten Zustande durch Ueberlaufen dieselbe Wassermenge in die Kanäle abgeben, wie wenn sie nicht geschlossen wären.

Aus der Tabelle V und VI ist ersichtlich, dass
1) das bei Nacht ausfliessende Kanalwasser reicher an gelösten und ärmer an suspendirten Stoffen gefunden wurde, als das bei Tag ausfliessende Kanalwasser;
2) dass im ausfliessenden Nachtwasser sowohl in den gelösten wie in den suspendirten Stoffen die organischen Materien in grösserer Menge vertreten sind, wie im Tagwasser; dieser Umstand wird wohl die Ursache gewesen sein, dass das Nachtwasser dunkler gefärbt war, wie das Tagwasser. Dass das Nachtwasser reicher an organischen Stoffen war, wurde noch durch Versuche, die ich mit einer Lösung von übermangansaurem Kali anstellte, bestätigt; es entfärbten nämlich 1 Liter filtrirtes Tagwasser 72 Cub.-Cent. und 1 Liter filtrirtes Nachtwasser 80 Cub.-Cent. einer Lösung von übermangansaurem Kali, welche in einem Liter genau 1 Gramm des Salzes (1 Cub.-Cent. = 1 milligr.) enthielt.

Tab. I. Tagwasser, dessen gelöste Bestandtheile; pro 1 Liter.

Gesammt-Menge des bei 110° C. getrockneten Rückstandes = 0,541 Grmm.	Hievon in Wasser wieder löslich = 0,291 Grmm.	anorganische Bestandtheile = 0,166 Grmm.	Chlorkalium	0,015
			Schwefelsaures Kali	0,027
			» Natron	0,018
			Schwefelsaurer Kalk	0,017
			Schwefelsaure Magnesia	0,071
			Kohlensaures Natron	0,016
			Salpetersaures »	Spur
			Ammoniak	0,001
		organische Stoffe = 0,125 Grmm.		
	In Wasser unlöslich bleibend = 0,250 Grmm.	anorganische Bestandtheile = 0,215 Grmm.	Kieselerde	0,003
			Phosphorsaurer Kalk	0,004
			Kohlensaurer Kalk	0,168
			Kohlensaure Magnesia	0,032
		organische Stoffe = 0,035 Grmm.		

Tab. II.

Nachtwasser, dessen gelöste Bestandtheile; pro 1 Liter.

Gesammt-Menge des bei 110° C. getrockneten Rückstandes = 0,561 Grmm.

- Hievon in Wasser wieder löslich = 0,343 Grmm.
  - anorganische Bestandtheile = 0,156 Grmm.
    - Chlorkalium — 0,035
    - Schwefelsaurer Kalk — 0,018
    - Schwefelsaure Bittererde — 0,077
    - Schwefelsaures Natron — 0,019
    - Kohlensaures " — 0,006
    - Salpetersaures " — Spur
    - Ammoniak — unbestimmt.
  - organische Stoffe = 0,187 Grmm.
- In Wasser unlöslich bleibend = 0,218 Grmm.
  - anorganische Bestandtheile = 0,186 Grmm.
    - Kieselerde — 0,002
    - Phosphorsaurer Kalk — 0,004
    - Kohlensaurer Kalk — 0,152
    - Kohlensaure Magnesia — 0,020.
  - organische Stoffe = 0,032 Grmm.

Tab. III.

Tagwasser, dessen suspendirte Bestandtheile; pro 44,119 Liter.

Gesammt-Menge der suspendirten Theile = 5,902 Grmm.

- gröbere Theile = 5,379 Grmm.
  - anorganische Stoffe = 1,911 Grmm.
    - Phosphorsaurer Kalk mit etwas phosphorsaurer Magnesia 0,496 Grmm.
    - Kohlensaurer Kalk 0,776 "
    - Kohlensaure Magnesia 0,085 "
    - Schwefelsaurer Kalk 0,068 "
    - Eisenoxyd Spur
    - Unlöslich (Thon, Sand) 0,467 "
  - organische Stoffe = 3,468 Grmm.
- feinere Theile = 0,523 Grmm.
  - anorganische Stoffe = 0,279 Grmm.
    - Kohlensaurer Kalk 0,188 Grmm.
    - Kohlensaure Magnesia 0,025 "
    - Phosphorsaurer Kalk 0,051 "
    - Unlöslich (Sand) 0,024 "
  - organische Stoffe = 0,244 Grmm.

Tab. IV. Nachtwasser, dessen suspendirte Bestandtheile; pro 37,95 Liter.

Gesammt-Menge der suspendirten Theile = 4,084 Grmm.	gröbere Theile =, 3,531 Grmm.	anorganische Stoffe = 0,848 Grmm.	Phosphorsaurer Kalk mit wenig phosphorsaurer Magnesia 0,190 Grmm. Kohlensaurer Kalk 0,278 " Kohlensaure Magnesia 0,069 " Schwefelsaurer Kalk 0,049 " Eisenoxyd Spur Unlöslich (Thon, Sand) 0,246 "
		organische Stoffe = 2,683 Grmm.	
	feinere Theile = 0,553 Grmm.	anorganische Stoffe = 0,316 Grmm.	Kohlensaurer Kalk 0,205 Grmm. Kohlensaure Magnesia 0,032 " Phosphorsaurer Kalk 0,063 " Unlöslich 0,020 "
		organische Stoffe = 0,236 Grmm.	

Tab. V.

Gesammt-Menge der gelösten und suspendirten Stoffe, welche aus den Kanälen durch das Wasser weggeführt werden, und zwar

		Tagwasser:	Nachtwasser:
1) in einer Minute.	Gelöste Stoffe:	4154,9 Grmm.	4305,6 Grmm.
	Suspendirte Stoffe:	1025,9 "	825,5 "
		5180,8 Grmm. = 10,4 Zollpfund.	5131,1 Grmm. = 10,26 Zollpfund.
2) in einer Stunde.	Gelöste Stoffe:	249294,2 Grmm. = 498,58 Zollpfund	258336,0 Grmm. = 516,66 Zollpfund
	Suspendirte Stoffe:	61554,0 Grmm. = 123,1 Zollpfund	49530,0 Grmm. = 99,06 Zollpfund
		310848,0 Grmm. = 621,6 Zollpfund.	307866,0 Grmm. = 615,72 Zollpfund.

Tab. VI.

Gesammt-Menge der anorganischen und organischen Stoffe, welche im gelösten und suspendirten Zustande aus den Kanälen von dem Wasser weggeführt werden, und zwar:

1) in einer Minute.

		Tagwasser:		Nachtwasser:	
Anorganische Stoffe	a. gelöst	2920,6 Grm.	} 3301,3 Grmm.	2604,8 Grm.	} 2840,09 Grmm.
	b. suspendirt	380,7 »		235,29 »	
Organische Stoffe	a. gelöst	1234,2 Grm.	} 1879,4 Grmm.	1700,5 Grm.	} 2290,7 Grmm.
	b. suspendirt	645,2 Grm.		590,2 Grm.	
			5180,7 Grmm.		5130,8 Grmm.

2) in einer Stunde.

		Tagwasser:		Nachtwasser:	
Anorganische Stoffe	a. gelöst	175236,0 Grm.	} 198078,0 Grmm. = 396,15 Zollpfund	156288,0 Grm.	} 170466,0 Grm. = 340,8 Zollpfund
	b. suspendirt	22842,0 Grm.		14118,0 Grm.	
Organische Stoffe	a. gelöst	74052,0 Grm.	} 112764,0 Grmm. = 225,52 Zollpfund	102030,0 Grm.	} 137442,0 Grm. = 274,88 Zollpfund
	b. suspendirt	38712,0 Grm.		35412,0 Grm.	
			310842,0 Grmm.		307848,0 Grmm.

Tab. VII.

Die Wassermenge, welche aus dem Hauptkanale unterhalb der Veterinärschule ausfliesst, beträgt:

1) **bei offenen Schleussen** per Secunde 5,2 Cub.-Fuss bayer. = 119,6 Mass bayer. = 129,2 Liter.
   per Minute 312,0 " " " = 7176 " = 7756 "

2) **bei geschlossenen Schleussen** per Secunde 2,43 Cub.-Fuss bayer. = 55,89 Mass bayer. = 59,74 Liter.
   per Minute 145,8 " " " = 3353,4 " = 3584,25 "

Die sämmtlichen 14 Schleussen liefern demnach zur Durchspülung der Kanäle:

per Secunde 2,77 Cub.-Fuss bayer. = 63,71 Mass bayer. = 68,06 Liter.
per Minute 166,2 " " " = 3822,6 " = 4086,75 "

VI. Protokoll.

Sitzung am 5. März 1868.

Gemäss Beschlusses bei der letzten Zusammenkunft am 29. Februar, und auf Einladung des Stadtbaurathes Zenetti versammelte sich heute die Commission in der Karlsstrasse nächst des Anwesens des Professors Thiersch, wo der erste etwa 12 Fuss tiefe Schacht neben dem Kanale bis unter die Sohle desselben ausgehoben war.

Die etwa 100 Schritte unterhalb gelegene Stauschleuse war geschlossen.

Man bemerkte sofort eine sehr starke Undichtigkeit der Kanalwand, indem Wasser durch die Backsteine schwitzte und aus den Fugen abtropfte. Hienach wurde unter einen Ausfluss eine drei Quart haltende Flasche gestellt, die sich in 14 Minuten mit einem leicht trüben, schwach riechenden Wasser füllte.

Nach erfolgtem Oeffnen der Schleuse liess das Durchtropfen etwas nach, versiegte jedoch nicht gänzlich.

Herr Professor Feichtinger übernahm es das gewonnene Wasser zu prüfen.

Hienach begab sich die Commission in die Dachauerstrasse vis à vis der Fabrik des Herrn Wassermann, wo der zweite etwa 7 Fuss tiefe Schacht ausgehoben war. Auch hier war die Reservoirschleuse geschlossen.

Die Stelle des Kanales, an welcher dieser Schacht ausgehoben war, zeigte sich ganz aus Cement construirt und ist in der etwa 200 Fuss langen Strecke des Sieles gelegen, welche im Jahre 1866 aus der Fabrik des Herrn Bauer, Holzstrasse Nr. 9b, bezogen wurde.

Ein Durchtropfen durch die 4 Zoll dicken Wände oder die Fugen wurden nicht wahrgenommen, doch zeigte sich der Aushub unter der Sohle stark feucht und schwach riechend. Herr Professor Feichtinger übernahm eine kleine Quantität dieses Aushubs zur Prüfung.

Nunmehr begab sich die Commission in die Schellingstrasse, wo der 16 Fuss tiefe dritte Schacht nächst deren Kreuzung mit der Türkenstrasse ausgehoben war. Ein Durchtropfen oder Sickern zeigte sich bei dem hier sehr tief liegenden Stammsiele mit 2 Fuss starken Wänden nicht, wohl aber ein starkes Durchschwitzen, so dass die Erde unter der Sohle gleich feucht wie beim vorigen Schachte war. Herr Professor Feichtinger übernahm auch von diesem Aushub eine Probe zur Untersuchung.

Die Stauschleuse unterhalb diesem Kanalpunkte war auch hier geschlossen.

Schliesslich wird vom Stadtbaurath Zenetti mitgetheilt, dass Herr Professor **Feichtinger** das nach Beschluss der letzten Sitzung am verflossenen Dienstag den 3. März während des Tags und der Nacht alle ¼ Stunde ausgeschöpfte Kanalwasser in 2 getrennten Fässern erhalten habe; endlich wird auf Antrag desselben beschlossen, nachdem angegeben worden, dass sowohl die Kanalstelle in der Karlstrasse als jene in der Schellingstrasse in Akkord im Jahre 1862 ausgeführt wordeu sei, dass noch ein weiterer Schacht an einer Stelle gegraben werden soll, welche in Regie hergestellt und nach Annahme des Antragstellers, mit möglichstem Fleisse und bestem Materiale ausgeführt wurde.

Sobald dieser Schacht ausgehoben ist, soll hievon den Mitgliedern der Commission behufs Besichtigung Mittheilung gemacht werden.

Dr. Ranke. Dr. Feichtinger. Dr. v. Pettenkofer. Dr. Frank.

Zenetti, als Schriftführer.

Commissions Vormerkung.

In Folge der Schlussbemerkung im Protokolle vom 5. März wurde bis Mittwoch den 11. März 1868 Nachmittags ein Schacht in der Mittererstrasse neben der Kanalwand über der Stauschleuse bis zur Sohle desselben ausgehoben und die Herren Commissionsmitglieder zur Besichtigung desselben eingeladen.

Es zeigte sich jedoch auch bei dieser Stelle bei gefülltem Reservoir und geschlossener Schleuse ein starkes Durchlaufen des Wassers.

Dr. Frank. Dr. Feichtinger. Zenetti.

Beilage I.

In der Sitzung vom 29. Februar 1868 wurde weiters beschlossen, dass an verschiedenen Punkten der Stadt das Erdreich um den gemauerten Kanal bis unter die Sohle der Kanalmauer ausgegraben werde, um zu untersuchen, ob nicht etwa aus den Kanälen Wasser in das umgebende Erdreich sickere, und dasselbe dadurch mit organischen Substanzen verunreinigt würde. Hiezu wurde eine Stelle am Kanale in der **Karlsstrasse**, eine andere in der **Dachauerstrasse** und eine dritte in der **Schellingsstrasse** ausgewählt. Es sei bemerkt, dass der Kanal in der Karlsstrasse und in der Schellingsstrasse aus gewöhnlichen Ziegelsteinen und der Kanal in der Dachauerstrasse aus Cement gebaut sind.

Die Besichtigung der ausgegrabenen Schachte wurde am Donnerstag den 5. März 1868 Nachmittags vorgenommen. Am ersten Punkte — Karlsstrasse — war ein starkes Durchsickern aus der Kanalmauer (das Wasser war im Kanale gestaut) bemerkbar; von diesem abtraufenden Wasser wurde, zur Untersuchung desselben, 1 Flasche = 750 Cub.-Cent. enthaltend, gefüllt, wozu 15 Minuten Zeit erforderlich waren.

An dem Kanale in der Dachauerstrasse und Schellingstrasse war nur ein Durchschwitzen sichtbar, in Folge dessen auch das den Kanal umgebende Erdreich feucht und von einem eigenthümlichen Geruche war; an diesen beiden Punkten wurde etwas des Erdreichs unter der Sohle der Kanalmauer zur Untersuchung ausgehoben.

Am 11. März 1868 liess Herr Stadtbaurath Zenetti noch eine weitere Ausgrabung um einen Theil des Kanales in der Mittererstrasse ausführen, zu dessen Besichtigung die einzelnen Commissionsmitglieder geladen wurden; das Wasser war im Kanale gestaut, und es konnte auch hier ein bedeutendes Durchsickern aus dem Kanale bemerkt werden; das Erdreich war ebenfalls unter der Kanalmauer feucht und von eigenthümlichem Geruche; zur Untersuchung wurde auch hier von dem Kiese etwas ausgehoben und mitgenommen.

A. Untersuchung des Wassers, welches aus dem Kanale in der Karlsstrasse durchsickerte.
(Hiezu Tab. VIII.)

Die Menge des Wassers, welches innerhalb 15 Minuten in einer Flasche gesammelt wurde, und welche ich zur Untersuchung erhielt, betrug 750 Cubikcentimeter. Das Wasser war etwas trübe in Folge von darin suspendirten Stoffen und reagirte schwach alkalisch. Beim Eindampfen hinterliess dasselbe einen bräunlichgelben gefärbten Rückstand, dessen Menge, bei 110° C. getrocknet, 0,516 Grmm. betrug, und welcher sich nur zum Theil wieder in Wasser auflöste; die wässrige Lösung des Wasserrückstandes war stark gelb gefärbt, reagirte schwach alkalisch und hinterliess beim Eindampfen einen bräunlichgelb gefärbten Rückstand, welcher sich beim Erhitzen über einer Gasflamme schwärzte und sauer reagirende Dämpfe entwickelte. Der im Wasser sich nicht mehr lösende Theil des Wasserrückstandes war gelblich gefärbt, schwärzte sich ebenfalls beim Erhitzen über einer Gasflamme, jedoch reagirten die sich entwickelnden Dämpfe schwach alkalisch.

B. Untersuchung des die Kanalmauer von aussen umgebenden Erdreichs.
(Hiezu Tab. IX.)

Hiebei war die Aufgabe, zu ermitteln, ob aus den Kanälen in das dieselben umgebende Erdreich Wasser durchgesickert, und dadurch das

Erdreich mit organischen Stoffen verunreinigt sei; daher beschränkte sich auch die Untersuchung der drei Erden nur auf den Nachweis von organischer Substanz. Zu diesem Zwecke wurde die Untersuchung auf nachstehende Weise durchgeführt: Vor Allem bestimmte ich, um den Gehalt an organischen Stoffen für ein bestimmtes Volumen Erde, z. B. für 1 Kubikfuss, ermitteln zu können, das Volumen jeder der drei Kiese, die mir zur Untersuchung übergeben waren, dadurch, dass dieselben je in ein Cylinderglas eingefüllt wurden; die Cylindergläser mit ihrem Inhalte wurden hierauf so lange auf einem Tische aufgestossen und geklopft, bis das Volumen der Kiese sich nicht mehr verringerte. Die Höhe des Kieses in den Gläsern wurde von aussen durch einen Streifen Papier bezeichnet, der Kies aus den Gläsern entleert, und hierauf Wasser bis zur angemerkten Höhe eingemessen.

Da bestimmt angenommen werden konnte, dass die organischen Stoffe, wenn solche in den Kiesen enthalten seien, nicht im Innern der Steine, sondern nur an denselben anhaftend, oder vielmehr vorzugsweise im feinen Schlamme enthalten seien, so wurde jeder Kies für sich in einer Porcellanschale mit Wasser übergossen, zuerst die gröbern Steine durch Abreiben und Abspülen gewaschen und entfernt, hierauf durch fortgesetztes Auswaschen und Schlämmen die feineren Theile von den kleinern Steinen getrennt, und nur der feine Schlamm zur Untersuchung auf einen Gehalt an organischer Substanz verwendet. Der feine Schlamm blieb dann noch 4 Tage lang mit dem Waschwasser bei gewöhnlicher Temperatur unter öfterm Umrühren in Berührung; nach dieser Zeit wurde das Wasser abfiltrirt, und das Filtrat zur Trockne eingedampft, der trockne Rückstand, welcher bei allen drei Kiesen von brauner Farbe war, wurde noch bei 110° C. im Luftbade vollständig getrocknet, gewogen und durch Einäschern die Menge der organischen Substanz bestimmt.

Beim Eindampfen des mit den Kiesen in Berührung gestandenen Wassers entwickelte sich bei allen drei zuletzt, als die Menge der Flüssigkeit nur wenig mehr betrug, ein eckliger Geruch, wie nach faulendem Leime. Ferners schwärzte sich der Rückstand beim Erhitzen über einer Gasflamme sehr stark unter Entwicklung von Dämpfen, die stark alkalisch reagirten.

Der mit Wasser behandelte feine Schlamm der drei Kiese wurde im Wasserbade getrocknet, wobei in der Wärme ebenfalls ein eckliger Geruch, wie nach faulendem stinkendem Leim, bemerkbar war; eine Probe des bei 100° C. getrockneten Schlammes wurde hierauf bei 110° C. im Luftbade noch weiters getrocknet, der Gewichtsverlust hiebei durch die Wage bestimmt, und hieraus die Gesammtmenge in dem Schlamme — bei 110° C. getrocknet — gefunden. Die bei 110° C. getrocknete Probe wurde dann in einem Schälchen über einer Gasflamme bis zur vollständigen Verbrennung der organischen Substanz erhitzt, und aus dem Glühverlust die Menge der organischen Substanz berechnet.

Der Schlamm sämmtlicher drei Kiese entwickelte unter Schwärzung beim Erhitzen über einer Gasflamme übelriechende und stark alkalisch reagirende Dämpfe.

(Ich bemerke hier, das die Menge der organischen Substanz, wie ich sie im bei 110° C. getrockneten Schlamme auf angegebene Weise erhalten und in der Tabelle angegeben habe, etwas höher gefunden wurde als es in der Wirklichkeit ist, indem der Schlamm Thon enthält, und derselbe bei 110° C. bekanntlich sein gebundenes Wasser nicht vollständig abgiebt.)

Aus Tab. IX, in welcher die Untersuchungsresultate der drei Kiese, berechnet auf 1 Cubikfuss bayer. Erdreich, zusammengestellt sind, ist ersichtlich, dass das Erdreich um die Kanalmauern an sämmtlichen drei ausgegrabenen Punkten der Stadt eine nicht unbeträchtliche Menge von organischen Stoffen enthält; diese organischen Substanzen, wahrscheinlich ausschliesslich nur stickstoffhaltige, werden von dem Erdreich zurückgehalten und sind von demselben so fest gebunden, dass sowohl kaltes wie heisses Wasser nur kleine Mengen hievon dem Erdreiche zu entziehen im Stande sind, wie noch folgender Versuch beweist: Eine kleine Menge des Schlammes aus dem Erdreiche um die Kanalmauer in der Schellingstrasse — 30,415 Grmm., welche 1,60 Grmm. organische Substanz enthielt — wurde mit Wasser übergossen, und damit, unter Ersatz des verdampfenden, 10 Stunden lang gekocht; hierauf wurde das Wasser abfiltrirt, zur Trockne eingedampft, der braune Rückstand bei 110° C. getrocknet, gewogen und die Menge der organischen Substanz durch Einäschern bestimmt; hiebei wurde gefunden, dass sich 0,086 Grmm. organische Substanz gelöst hatte.

Derselbe Schlamm wurde dann noch ein zweitesmal mit Wasser 10 Stunden lang ausgekocht und das Filtrat wie oben behandelt; das zweitemal betrug die Menge der gelösten organischen Substanz 0,134 Grmm. Durch zweimaliges Auskochen konnte daher nur ein kleiner Theil der organischen Stoffe gelöst werden, und der rückständige Schlamm schwärzte sich daher beim Erhitzen noch stark unter Entwicklung von alkalisch reagirenden Dämpfen.

Tab. VIII.

Zusammensetzung des Wassers, welches aus dem Kanal in der Karlsstrasse durchsickerte; pro 1 Liter.

Gesammt-Rückstand bei 110° C. getrocknet = 0,688 Grmm.

- Hievon in Wasser wieder löslich = 0,498 Grmm.
  - anorganische Bestandtheile = 0,272 Grmm.
    - Schwefelsäure 0,160 Grmm.
    - Kalk 0,070 "
    - Magnesia 0,026 "
    - Chlor Spur
  - organische Stoffe = 0,226 Grmm.
- In Wasser unlöslich bleibend 0,190 Grmm.
  - anorganische Stoffe = 0,105 Grmm.
    - kohlensaurer Kalk 0,098 Grmm.
    - Magnesia Spur
    - Unlöslich in Salzsäure Spur
  - organische Stoffe = 0,085 Grmm.

Tab. IX.

Untersuchung der vom Gerölle abgeschlemmten feinen Theile auf organische Stoffe; berechnet auf 1 Cubikfuss bayer. Erde:

	Kanal in der Dachauerstrasse	in der Schellingstrasse	in der Mittererstrasse
Menge des, bei 110° C. getrockneten, Schlammes in einem bayer. Cubikfuss Erde	2033,09 Grmm.	1706,06 Grmm.	4040,20 Grmm.
Organische Stoffe: (in 1 Cubikfuss) a. Menge derselben, welche sich in kaltem Wasser löste.	3,22 Grmm.	1,15 Grmm.	2,27 Grmm.
b. Menge derselben, welche sich in kaltem Wasser nicht löste, und durch Erhitzen des bei 110°C. getrockneten Schlammes bestimmt wurde.	120,99 Grmm.	94,65 Grmm.	245,79 Grmm.
	123,21 Grmm.	95,80 Grmm.	247,06 Grmm.

VII. Protokoll.

Sitzung am 25. Juni 1868.

In Folge längerer Abwesenheit des Herrn Professors v. Pettenkofer konnten die Versammlungen der Herrn Commissionsmitglieder längere Zeit nicht abgehalten werden, und versammelten sich dieselben gemäss Einladung des Stadtbauraths Zenetti heute, worauf vor Allem Herr Professor Feichtinger nachfolgende sehr umfassende Mittheilungen machte:

1) über Untersuchung des am 3. März am Sielausflusse Tags und Nachts ausgeschöpften Wassers;
2) des am 5. März aus dem Siel in der Karlsstrasse abgetropften Wassers;
3) des am 5. März aus den Schachten neben dem Siele ausgehobenen Kieses in der Dachauer- und Schellingstrasse.

Es wird beschlossen, nun auch behufs Vergleiches der Bestandtheile Kies aus den Gruben
    a) an der Schleissheimerstrasse,
    b) nächst der Schiessstätte,
    c) bei Ramersdorf
zu untersuchen und übernimmt Herr Professor Feichtinger diese Aufgabe.

Behufs Besichtigung des Sieles von Innen wird auf Samstag den 27. d. Mts. früh 6 Uhr Zusammenkunft im Schulhause an der Luisenstrasse festgestellt.

Dr. Frank.   Dr. Pettenkofer.   Dr. Feichtinger.   Dr. H. Ranke.

                                      Zenetti, als Schriftführer.

Beilage 1.

In der Sitzung vom 25. Juni 1868, in welcher der Commission über die Resultate der Untersuchungen »über den Gehalt an organischen Stoffen« der drei am 5. März 1868 ausgegrabenen Kiese Bericht erstattet wurde, wurde beschlossen:

    a) Es soll noch an verschiedenen andern Punkten ausserhalb und im Innern der Stadt Erdreich ausgegraben und auf einen Gehalt an organischen Stoffen untersucht werden, um hieraus bemessen zu können, ob und wie weit das aus den Kanälen durchsickernde Wasser zur Verunreinigung des Bodens durch organische Stoffe Veranlassung gebe.

b) Sollen, wenn bei der Besichtigung der Kanäle im Innern am 27. Juni sich Ablagerungen vorfinden, dieselben auf einen Gehalt an organischen Stoffen untersucht werden, um ersehen zu können, ob und wie weit das vorhandene Wasser zur Ausspülung der Kanäle ausreicht.

Zu a. Am 26. Juni erhielt der Unterzeichnete von dem Stadtbauamte zur Untersuchung übersendet: (Hiezu Tab. X.)

1) Kies aus einer Kiesgrube bei Ramersdorf,
2) Kies » » » an der Schleissheimerlandstrasse,
3) Kies aus der ˙ » des Zenner in der Nähe der Schiessstätte,
4) Kies aus der Adalbertstrasse; letzterer wurde in einer Tiefe von 14 Fuss ausgehoben.

Die Untersuchung auf den Gehalt an organischen Stoffen in den 4 Kiesen wurde in derselben Weise, wie früher ausführlich beschrieben wurde, ausgeführt; hiebei wurde beobachtet: der trockne Rückstand des Wassers, womit der feine Schlamm behandelt wurde, war bei Kies Nr. IV (Adalbertstrasse) und Nr. II (Schleissheimerstrasse) bräunlichgelb, bei den übrigen kaum gelblich gefärbt; ferners war beim Trocknen des nassen Schlammes bei den Kiesen Nr. I und III nur ein sehr schwach fauliger Geruch bemerkbar, während der Schlamm von Kies Nr. II und IV stark faulig roch.

Der trockne Schlamm von Nr. I und III wurde beim Erhitzen nur wenig dunkler gefärbt und entwickelte auch nur sehr schwach alkalisch reagirende Dämpfe, während der trockne Schlamm des Kieses Nr. II und IV sich beim Erhitzen schwärzte und Dämpfe entwickelte, welche stark alkalisch reagirten.

Zu b. **Untersuchung der im Innern der Kanäle vorgefundenen Ablagerungen.**

Bei Besichtigung der Kanäle am 27. Juni 1868 wurden von zwei Punkten, und zwar

1) aus dem Kanale in der Karlsstrasse, und
2) » » » in der Schellingsstrasse

Proben von vorgefundenen Ablagerungen mitgenommen und der nähern Untersuchung unterworfen. Beide Proben waren geruchlos und bestunden nur aus kleinen Steinchen, untermischt mit Ziegelsteinstückchen, Glasscherben etc.; durch Schlemmen konnten keine feinern Theile abgeschlemmt werden; beim Trocknen der Steinchen im Wasserbade wurde nur ein sehr schwach fauliger Geruch bemerkt, und beim Erhitzen der getrockneten Steinchen über einer Gasflamme schwärzten sich dieselben nur schwach, und es entwickelten sich hiebei nur sehr wenige (schwach alkalisch reagirende) Dämpfe.

Tab. X.

Untersuchung der vom Gerölle abgeschlemmten feinen Theile auf organische Stoffe; berechnet auf 1 Cubikfuss bayer. Erde:

	I. Kiesgrube bei Ramersdorf	II. Kiesgrube an der Schleissheimerstr.	III. Kiesgrube von Zenner	IV. Kies aus der Adalbertstrasse
Menge des, bei 110° C. getrockneten, Schlammes in einem bayer. Cubikfuss Erde	7507,01 Grmm.	1105,0 Grmm.	1832,84 Grmm.	539,17 Grmm.
Organische Stoffe: (in 1 Cubikfuss) a. Menge derselben, welche sich in kaltem Wasser löste.	0,176 Grmm.	0,199 Grmm.	0,107 Grmm.	0,343 Grmm.
Organische Stoffe: (in 1 Cubikfuss) b. Menge derselben, welche durch Erhitzen des bei 110°C. getrockneten Schlammes bestimmt wurde.	28,02 Grmm.	7,60 Grmm.	3,984 Grmm.	13,78 Grmm.
	28,196 Grmm.	7,799 Grmm.	4,091 Grmm.	14,124 Grmm.

Beilage II.

Untersuchung der vom Gerölle abgeschlemmten feinen Theile auf Stickstoff.

	1000 Theile Schlamm aus der			Menge Stickstoff, welche in 1 Cubikfuss bayer. Erde enthalten ist:	
1) Adalbertstrasse gaben	1.069	Stickstoff	0,633	Grmm.
2) Schellingstrasse	»	2,086	»	5,010	»
3) Mittererstrasse	»	3,053	»	13,55	»
4) Dachauerstrasse	»	2,431	»	6,92	»
5) Kiesgrube bei Ramersdorf	»	0,214	›	1,787	›
6) Kiesgrube v. Zenner	»	0,128	»	0,257	»
7) » an der Schleissheimerstrasse		0,739	»	0,897	»

Dr. M. v. Pettenkofer.

VIII. Protokoll.

Sitzung am 27. Juni 1868.

Gemäss Beschlusses der letzten Sitzung am 25. Juni versammelten sich die unterzeichneten Herrn Commissionsmitglieder heute Morgens 6 Uhr im Schulhause an der Luisenstrasse, um von hier aus zu bestimmen, welche Kanalstrecken begangen werden sollen.

Der Tag war sehr schön, der Himmel vollkommen rein, und Tags vorher kein Regen gefallen.

Die Commission stieg zuerst in den Kanal bei der Kreuzung der Luisen- und Karlsstrasse, stieg wieder aus demselben bei der Kreuzung der Karls- und Arcisstrasse und hielt sich hiebei 13 Minuten im Kanale auf.

Hienach stieg dieselbe wieder bei der Schleuse in der Theresienstrasse ein und bei der Einsteigführung bei der Ludwigskirche aus. Hiebei hielt sich die Commission ca. 24 Minuten im Kanale auf.

Hiebei fanden die Commissionsmitglieder folgendes zu bemerken:
1) die im Kanale laufende Wassermenge ist sehr bedeutend, und in starker Strömung;

2) Der Geruch ist im Kanale auffallend gering, und war nur an einzelnen Privateinmündungen etwas stärker bemerklich;
3) Einzelne Privat-Einmündungsrohre waren mit Klappen gut und zweckmässig geschlossen;
4) Wandungen, Sohle und Wölbungen sind gut im Mauerwerk construirt und erhalten, doch nässt es hie und da etwas vom Gewölbe herab und ist das Letztere mit Stroh verunreinigt, was annehmen lässt, dass zeitenweise das Siel bis oben gefüllt ist, was von starken Regengüssen bei gleichzeitiger Stauung herrühren dürfte.
Auch zeigt sich an der Wölbung die Bildung von Skalaktiten.
5) Auf der Sohle findet sich kein Schlamm, nur hie und da etwas feiner Kies.
6) Der Zug der Luft bei den Privat-Einmündungen war nach dem Kanal hinab gerichtet.
7) Ein todtes Ende in der Schellingstrasse fand sich ohne Spülung jedoch rein.

Hienach begab sich die Commission noch zur Siel-Ausmündung in den Schwabingerbach und fand, dass das ausströmende Wasser schwach sauer reagirte.

Schliesslich wurde vom Baurath Zenetti mitgetheilt, dass Herrn Professor Feichtinger die in der Sitzung vom 25. Juni verlangten drei Kiesproben gestern Abends zugestellt wurden, und derselbe heute noch, nach ausgesprochenem Wunsche, eine Probe des Kieses aus einem bewohnten Stadttheile erhalten wird.

Dr. H. Ranke. Dr. Feichtinger. Dr. Pettenkofer. Dr. Frank.

Zenetti, als Schriftführer.

IX. Protokoll.
Sitzung am 10. Juli 1868.

In Folge Einladung des Stadtbaurathes Zenetti versammelten sich die unterzeichneten Herren Commissionsmitglieder heute, wonach Herr Professor Feichtinger Mittheilungen über die Behandlung der verschiedenen ihm zugestellten Kiesproben machte. Derselbe wird hierüber ein eigenes Elaborat der Commission vorlegen.

Der aus der Sielsohle ausgehobene Kies enthält nach Angabe des

Herrn Professor Feichtinger wenig organische Stoffe und keine schlammartigen Theile.

Es wird beschlossen, morgen Nachmittag 4 Uhr vom Pettenkofer-Brunnhause Einsicht zu nehmen, nachdem dieses Brunnwerk dem Siele hauptsächlich sein Wasser abgiebt. Auch sollen die Siele nochmals begangen werden, zu einer Zeit, in welcher, wie diess bei Reparaturen am Brunnenwerke vorkommen kann, mehrere Tage kein Wasser in die Reservoirs fliesst. Zu diesem Behufe sollen 8 Tage die Kanalbahnen gesperrt bleiben und hienach das Siel begangen werden.

Dr. v. Pettenkofer. Dr. Feichtinger. Dr. Frank. Dr. H. Ranke.

Zenetti, als Schriftführer.

X. Protokoll.
Sitzung am 11. Juli 1868.

Behufs Besichtigung des Pettenkofer-Brunnenwerkes fuhren die unterzeichneten Commissionsmitglieder heute Nachmittags 4 Uhr nach diesem Brunnenhause und nahmen dort von dessen Einrichtung genaue Einsicht. Herr Professor Dr. Ranke war durch einen Krankenbesuch am Erscheinen gehindert.

Die Commission fand im Brunnenhause 6 gemauerte Schachte, wovon 3 als Cisternen für das aus den Gallerien kommende Quellwasser bestimmt, mit wasserdichter Sohle versehen sind, während die 3 südlich gelegenen lediglich einen wasserdurchlassenden Kiesboden haben, sohin als Reservebrunnen dienen.

Die Commission überzeugte sich, dass gegenwärtig das aus den Gallerien kommende Wasser so reichlich ist, dass es noch aus den 3 Cisternen in die 3 Brunnen überfliesst, sohin aus letzteren gegenwärtig nicht gesaugt wird.

Die Commission glaubt jedoch, dass, um zu beweisen, dass das in den Brunnen zu Tage tretende Wasser das gleiche mit jenen der Gallerien sei, es nothwendig sei, eine chemische Vergleichs-Untersuchung beider Wasser anzustellen.

Es soll daher, wenn der Fall eintritt, dass eine Mischung dieser Wasser durch Ueberlaufen nicht mehr statt hat, eine solche chemische Untersuchung vorgenommen werden.

Die Commission nahm hienach thermometrische Messung vor und

fand das Wasser sowohl aus dem Brunnenwerke, als jenes in den gegrabenen Brunnen zu 8°R.

Sodann fuhr die Commission
1) in das städtische Dultstandmagazin in der Findlingstrasse und fand hier am Brunnen die Temperatur des Wassers vom Pettenkofer-Brunnhause 9,8°R.
2) ferner in der königl. Erzgiesserei 11,9°R.
3) im Anwesen Nr. 13 Schwabingerlandstrasse, dem k. Professor Fraas gehörig, als dem äussersten Ende der Leitung, 12,5°R.

endlich
4) im Anwesen Fürstenstrasse Nr. 13, dem Dekorationsmaler Schwarzmann gehörig, 10,4°R.

Zu bemerken kommt noch, dass die Temperatur im Schatten 20°R. betrug.

Die sämmtlichen Wasser-Gäste gaben auf Befragen an, dass das Wasser stets rein sei.

Baurath Zenetti theilt schliesslich mit, dass zur Zeit der Bachauskehr der Fall eintrete, dass die Hahnen der Kanalrescrvoire geschlossen werden müssen, indem durch einen Theil des Pettenkofer-Brunnwerkes die übrigen ruhenden städtischen Werke ersetzt werden müssen.

Die Commission beschloss hienach, zu dieser Zeit eine nochmalige Begehung der Sielanlage.

Dr. v. Pettenkofer. Dr. Feichtinger. Dr. Frank.

Zenetti, als Schriftführer.

XI. Protokoll.

Sitzung am 19. September 1868.

In Folge Einladung des Stadtbaurathes Zenetti versammelten sich die unterzeichneten Commissionsmitglieder heute Nachmittags 5 Uhr. Professor Ranke und Bezirksarzt Dr. Frank waren verreist und daher nicht erschienen.

Stadtbaurath Zenetti theilt mit, dass seit Montag den 14. September in die Reservoirs der Kanäle kein Wasser mehr fliesst, und da seit vielen Wochen auch kein Regen mehr vorkam, nunmehr die in der Sitzung vom 10. Juli d. J. beschlossene nochmalige Begehung der Siele vorzunehmen sein dürfte.

Es wird beschlossen, diese nochmalige Besichtigung am Montag den 21. September früh 7 Uhr abzuhalten, vorausgesetzt, dass mittlerweile kein Landregen eintritt, oder heute und morgen Sonntags kein Gewitter niedergeht.

Dr. Feichtinger. Dr. v. Pettenkofer.

Zenetti, als Schriftführer.

XII. Protokoll.

Sitzung am 21. September 1868.

Gemäss der in der Sitzung vom 19. September gemachten Besprechung begaben sich heute Morgens 7 Uhr die unterzeichneten Commissionsmitglieder zuerst zum Einsteigschacht der Siele an der Kreuzung

1) der Türken- und Gabelsbergerstrasse. Professor Dr. Ranke und Bezirksarzt Dr. Frank waren verreist und daher nicht erschienen.

Die Commissionsmitglieder stiegen ins Siel hinab und fanden bei einem Wasserstand von ¼ Fuss einen unbedeutenden Geruch.

Professor Feichtinger nahm eine Probe des Schlammes zur Untersuchung mit.

Hienach ging die Commission in das Siel an der Kreuzung

2) der Amalien- und Schellingstrasse und fand auch hier bei gleichem Wasserstand einen sehr schwachen säuerlichen Geruch.

3) Sofort wurde der Auslauf des Sieles in der Wiesenstrasse besucht und das ausfliessende Wasser schwach säuerlich reagirend gefunden.

Weiters begab sich die Commission

4) in das Siel in der Ottostrasse zunächst der Wirthschaft zum Achatz und fand hier stark faulen Geruch bei sehr schmutzigem stagnirenden Wasser von etwa 6 Zoll Tiefe.

Herr Professor Feichtinger nahm vom Schlamme dieser Kanalstrecke eine Probe zur Untersuchung mit.

5) Gleicher Gestank fand sich auch bei Besteigung des Sieles nächst Hs.-Nr. 51 Bayerstrasse.

6) Schliesslich stieg die Commission in das Siel der Schillerstrasse bei der Einmündung der Schommergasse, fand hier einen Wasserstand von etwa 5 Zoll, den Geruch unbedeutend und das Wasser vollkommen rein.

Zu bemerken kommt noch, dass der Tag heiter war, in die Reservoire der Siele seit 8 Tagen kein Wasser einfloss und auch schon seit Wochen kein Regen mehr gefallen war.

Dr. v. Pettenkofer. Dr. Feichtinger

Zenetti, als Schriftführer.

Beilage I.

Am 21. September 1868 wurden die Kanäle im Innern wiederholt besichtiget, um den Zustand derselben zur Zeit der Auskehr der Stadtbäche (zu welcher Zeit die vorhandenen Schleusen kein Wasser zur Bespülung der Kanäle gaben) kennen zu lernen; hiebei wurden an 2 Punkten und zwar
1) aus dem Kanal an der Kreuzung Gabelsbergerstrasse und Türkenstrase, und
2) aus dem Kanale in der Ottostrasse (Gastwirtbschaft von Achatz)

vorgefundene Ablagerungen zur Untersuchung mitgenommen.

Die Ablagerung von Nr. 1 war ganz geruchlos, zum grössten Theile aus kleinen Steinchen bestehend und beinahe gänzlich frei von feinem Schlamm; beim Trocknen entwickelte sich kein fauler Geruch und die trocknen Steinchen, über einer Gasflamme erhitzt, schwärzten sich schwach und entwickelten schwach sauer reagirende Dämpfe.

Der Absatz im Kanale in der Ottostrasse bestund zum grössten Theile aus feinem Schlamm, welcher beim Trocknen im Wasserbade einen höchst eckligen stinkenden (wie nach faulenden festen Excrementen) Geruch entwickelte; derselbe getrocknet und erhitzt über einer Gasflamme, entwickelte höchst stinkende und stark alkalisch reagirende Dämpfe; durch Einäschern wurde die Menge der organischen Substanzen bestimmt, und es ergab sich als Zusammensetzung:

13,37 organische Substanz,
86,63 anorganische Stoffe.
_____
100,00

XIII. Protokoll.

Sitzung am 3. Oktober 1868, Abends 5 Uhr.

Die auf Einladung des Stadtbaurathes Zenetti heute zusammengetretenen Herren Commissionsmitglieder beschliessen nunmehr sämmtliche Protokolle über den Befund der Sielanlage mit Beilagen, sowie die vom Stadtbaurathe Zenetti mittlerweile ausgearbeitete und mit Plänen belegte Beschreibung der Sielanlage an Herrn Professor Dr. v. Pettenkofer zu übergeben, behufs Ausarbeitung eines umfassenden Referates hierüber.

Herr Professor Dr. v. Pettenkofer übernimmt diese Aufgabe und soll dieselbe nach Vollendung autographirt und zur Beschlussfassung an die einzelnen Commissionsmitglieder vertheilt werden.

Dr. v. Pettenkofer. Dr. Feichtinger. Dr. Ranke Dr. Frank.

Zenetti, als Schriftführer.

Beilage.

Verzeichniss

derjenigen Haus-Nummern in den neukanalisirten Strassen der Schönfeld-, Max- und Ludwigs-Vorstadt, welche in die Sielanlage eingemündet haben, nebst Anzahl der Einwohner in den betreffenden Häusern.

Strasse oder Platz.	Haus-Nummern.	Einwohnerzahl.
Wiesenstrasse	1. 2. 5. 5a.	120
Königinstrasse	19.	7
Veterinärstrasse	1. 2. 3. 10. 11.	78
Adalbertstrasse	2a. 2b. 2c. 2d. 3. 3a. 3b. 3d. 9¾.	
	10. 13. 14. 15. 16. 17. 18. 19.	669
Ludwigsstrasse	15. 17. 18.	225
Schellingstrasse	1. 2. 5. 6. 7. 17. 19. 20 22. 23. 24.	
	27. 28. 29. 30. 30a. 31. 32. 33. 34.	
	35. 36. 37. 38. 39. 39a. 39b. 40.	
	48. 49. 50. 51. 52. 53. 54.	1301
Amalienstrasse	1. 2. 3. 4. 5. 6. 7. 8. 9. 10. 11. 12.	
	13. 14. 15. 16. 17. 18. 19. 20. 21.	
	22. 23. 24. 25. 28. 29. 30. 31. 69.	
	70. 71. 72. 73. 74. 75. 77. 78. 79.	
	80. 81. 82. 83. 84. 85. 86. 87. 88.	
	89. 90. 91. 92. 93. 94, 95.	1936

Protokoll XIII. Beilage.   89

Strasse oder Platz.	Haus-Nummern.	Einwohnerzahl.
Glücksstrasse	2. 3. 4. 7. 7a. 8. 9. 9a. 10. 10a. 11.	318
Jägerstrasse	3b. 3c. 3d. 3e. 4½. 4a. 4b. 6.	305
Fürstenstrasse	9. 10. 11. 12. 13. 14. 15. 16. 17. 18. 18a. 19. 20. 22.	465
Theresienstrasse	2. 3. 4. 5. 6. 7. 8. 10. 11. 12. 13. 14. 15. 16. 17. 18. 56. 68. 69. 70. 72. 73. 74. 75. 76. 77. 78. 79. 80. 81. 82. 83. 84. 85. 86. 87. 88. 89. 90.	1323
Türkenstrasse	6 7. 24. 25. 26. 27. 30. 31. 32. 33. 34. 35. 36. 37. 38. 40. 41. 42. 45. 46. 47. 48. 49. 50. 70. 71. 72. 73. 74. 75. 76. 77. 78. 79. 80. 81. 82.	3552
Gabelsbergerstrasse	1. 4. 6. 7. 8. 9. 12. 15. 18b. 18c. 18d. 18e. 63. 65.	502
Barerstrasse	1. 1a. 1b. 2. 3. 4. 5. 6 7. 7½. 8. 10. 10g. 10h. 10k. 10m.	442
Karolinenplatz	1. 2. 3. 5.	99
Max-Josephstrasse	1. 2. 3. 5. 6.	168
Maximiliansplatz	4. 5. 6. 7. 8.	165
Ottostrasse	1. 2. 3. 4. 5. 6. 7. 8. 9. 11. 12. 14.	314
Briennerstrasse	9. 10. 11. 12. 13. 14. 15. 16. 44. 45. 46. 47. 48. 49.	293
Arcisstrasse	1. 2. 3. 4. 5. 6. 7. 11. 31. 32. 33. 34.-	175
Sophienstrasse	1. 2. 3. 4. 5. 5a. 5b. 6.	323
Karlsplatz	19. 20. 27. 28. 29.	105
Arkostrasse	1. 2. 3. 5. 6. 7. 8. 9. 10. 11.	438
Karlsstrasse	1a. 1. 2. 3. 4. 5. 6. 7. 8. 9. 10. 11. 12. 12a. 13. 14. 14a. 15. 15a. 16. 17. 18. 18a. 18b. 18c. 18d. 18e. 18f. 19a. 21. 22. 23. 24. 25. 27. 28. 29. 31. 32a. 32b. 32c. 32d. 33. 34. 35. 36. 37. 38. 39. 40. 40b. 40c. 41. 42. 43. 44. 45. 46. 47. 48. 49. 50. 51. 52. 53. 54. 55.	2329
Dachauerstrasse	12. 13. 14. 14½. 15. 16. 18. 19. 20.	

Protokoll XIII. Beilage.

Strasse oder Platz.	Haus-Nummern.	Einwohnerzahl.
	21. 22. 23. 24. 39. 41. 42. 43. 44.	
	45. 46. 47. 48. 49. 50. 55.	889
Nymphenburgerstr.	70. 72.	152
Stiglmeierplatz	1.	22
Augustenstrasse	79.	58
Louisenstrasse	2. 3. 4. 5. 6. 7. 8. 9. 10.	172
Elisenstrasse	1. 2. 3. 3 a. 4.	126
Luitpoldstrasse	1. 2. 4. 5. 6. 8. 10. 13. 14. 15.	351
Schützenstrasse	6. 7. 8. 12. 13. 14. 15.	137
Bayerstrasse	4. 5. 6. 7. 7½. 8. 9. 10. 11. 12. 14.	
	15. 16. 21. 21½. 22. 23. 52.	511
Sennefelderstrasse	4. 5. 6. 7. 8. 9. 10. 11. 12. 13. 14.	969
Mittererstrasse	1. 2. 5. 6. 7. 8. 9. 10. 11. 12. 13. 14. 15.	733
Heustrasse	1. 4. 5. 6. 7. 8 a. 24. 25. 26. 27. 28.	
	29. 30.	433
Schwanthalerstrasse	14. 15. 16. 17. 17½. 18. 20. 21. 22.	
	23. 24. 25. 26. 27. 28. 29. 31. 32.	
	34. 36. 39. 40. 41. 42. 45. 46. 49.	
	50. 51. 52. 56. 58. 60. 61. 62. 63.	
	65. 66. 67. 69. 70. 71. 72. 73. 74.	
	78. 80.	1254
Schommerstrasse.	1. 2. 3. 4. 5. 6. 8. 8 a. 9. 10. 12. 13.	
	14. 14 a. 14 c. 17. 17 a. 18 a. 19.	661
Schlossergässchen	2.	6
Schillerstrasse	1. 2. 3. 4. 5. 7. 9. 10. 11. 12. 13. 32.	
	33. 34. 35. 36. 37. 39. 40. 41. 42.	
	43. 44. 45. 46. 48. 49.	1065
Landwehrstr., äussere	15 a. 1. 3. 4. 8. 10. 11.	357
Göthestrasse	1. 2. 12.	99
	Stand zur Zeit . . .	23647 *)

München, den 1. März 1869.

Stadt-Bauamt.
Zenetti.

---

*) Die Einwohnerzahl der bezeichneten Häuser hat sich aus der letzten Volkszählung im vorigen Jahre ergeben und verdankt die Commission die Mittheilung der Einwohnerzahl der einzelnen Häuser der kgl. Polizeidirektion München.